La Haggadah de Pessah du camp de Gurs
Pessah 1941

A la lumineuse mémoire de mes parents

Moïse GOLDBERSZT

Varsovie 1901 – Marches de la mort (Auschwitz) 1945

Rébecca HORENBLAS

Varsovie 1902 – Bruxelles 1995

Qui fut internée à Gurs

Et de tous les

GOLDBERSZT et **HORENBLAS**

Qui se sont succédés à Varsovie

jusqu'à la disparition du ghetto

Jeanne Sigée

La Haggadah de Pessah du camp de Gurs

Pessah 1941

Histoire d'un camp d'internement

Bella Gutterman et Naomi Morgenstern

Yad Vashem Institut pour la Mémoire des Héros
et des Martyrs de la Shoah
Jérusalem, 2003

HAGGADAH DE PESSAH
DU CAMP DE GURS, FRANCE, 1941

Haggadah de Pessah du camp de Gurs, Musée de Yad Vashem,
Archives de Yad Vashem

Traduction : Fabienne Bergman
Traduction du texte du Rabbin Zuckerman : Yossef Attoun
Copyright du texte "La sortie de Gurs": Jeanne Sigée
Recherche documentaire : Nina Springer-Aharoni
Edition française : Dr. Itzhak Attia
Photographies : Archives de Yad Vashem
Archives du Musée du camp de Gurs
Archives municipales, Stuttgart
Collection privée, Oscar Althausen, Mannheim
Illustrations : Collection du Musée d'Art de Yad Vashem

Sur la couverture :
Dessin de Kurt (Conrad) Loew, Karl Bodek- *"Un printemps, 1941"*

Mise en page et production : Pnina Fridman
Imprimé par Dfouss Hamakor, Jérusalem
Relié par les Ateliers Lifschitz

ISBN original 965-308-074-1

Première édition (en hébreu): Yad Vashem, 1999.

La Haggadah de Pessah du camp de Gurs

Les collections de Yad Vashem renferment des objets rares et émouvants parmi lesquels certains sont choisis pour être exposés comme "objet du mois".

En 1998, à Pessah, fut exposée la Haggadah de Gurs, écrite au camp de Gurs, dans le sud de la France. Cette Haggadah attira l'attention des visiteurs, souleva beaucoup d'intérêt et nombreux furent ceux qui demandèrent à en savoir plus sur les circonstances de sa rédaction pendant la guerre.

La Haggadah de Gurs fut écrite dans des conditions très difficiles, avant Pessah 1941 et fut distribuée aux prisonniers qui firent dans le camp, un Séder selon toutes les règles. Sa rédaction dans ces conditions et l'observance de la fête reflètent l'aspect religieux et traditionnel qui fut aussi une des caractéristiques de la vie juive des ghettos et des camps.

Le camp de Gurs compte parmi les camps d'internement où, quand la guerre éclata, furent enfermés des réfugiés, Juifs et non-Juifs, venus trouver asile en France quelques années plus tôt. En octobre 1940 on y interna également des milliers de Juifs chassés de Belgique et d'Allemagne.

La vie des internés juifs à Gurs était insupportable, la maladie et la mort étaient leurs compagnes de chaque instant. Malgré tout, ni l'entraide, ni l'amour humain, ni la création spirituelle ne cessèrent. Derrière les fils de fer barbelés, dans un cadre vide et marécageux, les internés créèrent un monde extraordinaire d'imagination et de beauté. Des rabbins et des intellectuels organisèrent la vie juive et apportèrent un réconfort à ceux qui en avaient besoin.

Ce livre raconte l'histoire des Juifs qui furent enfermés au camp de Gurs. Ce qu'ils firent révèle une fois de plus la force de l'esprit humain, qui même s'il est enfermé derrière des barbelés a le pouvoir de s'élever et de créer un monde d'espoir et de lumière.

Remerciements

Nombreux sont ceux qui ont contribué à la parution de ce livre.

Je voudrais remercier tout particulièrement le Docteur Pinhas Rothschild, Monsieur Oscar Althausen, le Docteur Ehoud Lev, Monsieur Max Ansbacher et Monsieur Yitshak Kremer qui furent internés à Gurs.

Le Docteur Pinhas Rothschild, dont la mémoire est extraordinaire, nous a confié des souvenirs inédits et importants sur le camp. Oscar Althausen, Président de l'association judéo-chrétienne de Mannheim, nous a transmis des témoignages et des photos et, à distance, a bien voulu répondre à tous nos désirs. Le Docteur Ehoud Lev qui était l'un des jeunes enfants internés à Gurs, nous a apporté un soutien continu pour le rassemblement d'informations, la traduction et pour établir différents liens. Yitshak Kremer mit à notre disposition les chapitres de souvenirs du camp, qu'il écrivit.

Je voudrais remercier tout particulièrement Yéhoudit Rotem qui dans un temps relativement court, réussit à maîtriser une grande quantité de matériel et prépara la rédaction de ce livre.

Je remercie aussi Monsieur Dani Caravan qui nous donna l'autorisation d'utiliser la photo du monument qu'il sculpta à Gurs.

Que soient également remerciés Monsieur Shaul Oren et les personnes qui travaillent bénévolement au musée, Mesdames Orna Sharon, Yona Shalgi, Ruth Mitelman, Shoulamit Akenbruch, Myriam Doron et Graciella Martinoti qui apportèrent leur aide dans la traduction des textes. Tous nos remerciements également aux employées du Musée, Osnat Sirkin et Sharon Yoser ainsi que Yona Gal et Dorit Reuven, du département de l'enseignement de la Shoah. Merci enfin à Bracha Freundlich pour son aide dans la recherche de différents documents et Arnon Magen pour sa traduction de l'allemand.

Ce livre est dédié au souvenir de tous ceux qui furent internés au camp de Gurs et qui trouvèrent la force de continuer à entretenir une source de créativité religieuse et culturelle.

Haggadah de Pessah du camp de Gurs

Pessah 5701–1941

Ecrite par

Arié Ludwig Zuckerman

Composée à la demande
du Rabbinat du Camp de Gurs

Sous l'autorité du
Rabbin Yéhouda Léo Ansbacher

קאמפ דע גורס

מזכיר

דרשה של
מוה"ר י"אנסבאכער
פסח תש"א

ב"ה

הגדה של פסח

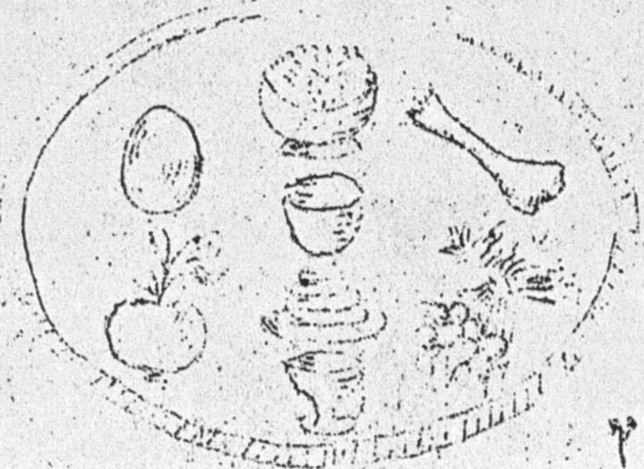

קדש			מגיד
ורחץ			רחצה
כרפס			מוציא
יחץ			מצה

מרור כורך שלחן עורך צפון ברך הלל נרצה

(יום הששי. ויכלו השמים והארץ וכל צבאם: ויכל אלהים ביום השביעי
מלאכתו אשר עשה. וישבת ביום השביעי מכל מלאכתו אשר עשה:
ויברך אלהים את יום השביעי ויקדש אתו כי בו שבת מכל מלאכתו
אשר ברא אלהים לעשות.) ב"א י"י א"מ"ה" בורא פרי הגפן:
ב"א י"י א"מ"ה" אשר בחר בנו מכל עם ורוממנו מכל לשון וקדשנו
במצותיו. ותתן לנו י"י אלהינו באהבה (שבתות למנוחה ו) מועדים
לשמחה חגים וזמנים לששון את יום (השבת הזה ואת יום) חג
המצות הזה. זמן חרותנו (באהבה) מקרא קדש זכר ליציאת
מצרים. כי בנו בחרת ואותנו קדשת מכל העמים (ושבת) ומועדי
קדשך (באהבה וברצון) בשמחה ובששון הנחלתנו. ברוך אתה י"י
מקדש (השבת ו) ישראל והזמנים: (ב"א י"י א"מ"ה" בורא מאורי האש
ב"א י"י א"מ"ה" המבדיל בין קדש לחול בין אור לחשך בין ישראל לעמים
בין יום השביעי לששת ימי המעשה. בין קדשת שבת לקדשת
יום טוב הבדלת ואת יום השביעי מששת ימי המעשה קדשת.
הבדלת וקדשת את עמך ישראל בקדשתך. ב"א י"י המבדיל בין קדש לקדש:)
ב"א י"י א"מ"ה" שהחינו וקימנו והגיענו לזמן הזה:
ב"א י"י א"מ"ה" בורא פרי האדמה:

הא לחמא עניא די אכלו אבהתנא בארעא דמצרים. כל דכפין ייתי
ויכול. כל דצריך ייתי ויפסח. השתא הכא לשנה הבאה בארעא
דישראל. השתא עבדי לשנה הבאה בני חורין:

ביד חזקה זו הדבר כמה שנאמר הנה יד יי הויה במקנך אשר בשדה בסוסים בחמרים בגמלים בבקר ובצאן דבר כבד מאד: ובזרע נטויה זו החרב. כמה שנאמר וחרבו שלופה בידו נטויה על ירושלים: ובמורא גדל זו גלוי שכינה כמה שנאמר או הנסה אלהים לבוא לקחת לו גוי מקרב גוי במסות באתת ובמופתים ובמלחמה וביד חזקה ובזרוע נטויה ובמוראים גדלים ככל אשר עשה לכם יי אלהיכם במצרים לעיניך: ובאתות זה המטה כמה שנאמר ואת המטה הזה תקח בידך אשר תעשה בו את האתת: ובמופתים זה הדם כמה שנאמר ונתתי מופתים בשמים ובארץ: דם. ואש. ותמרות עשן:

דבר אחר. ביד חזקה שתים. ובזרע נטויה שתים. ובמורא גדל שתים. ובאתות שתים. ובמופתים שתים. אלו עשר מכות שהביא הקדוש ברוך הוא על המצריים במצרים ואלו הן.

דם. צפרדע. כנים. ערוב. דבר. שחין. ברד. ארבה. חשך. מכת בכורות:

רבי יהודה היה נותן בהם סימנים. דצ"ך. עד"ש. באח"ב:

רבי יוסי הגלילי אומר מנין אתה אומר שלקו המצריים במצרים עשר מכות. ועל הים לקו חמשים מכות. במצרים מה הוא אומר. ויאמרו החרטמים אל פרעה אצבע אלהים הוא. ועל הים מה הוא אומר. וירא ישראל את היד הגדלה אשר עשה יי במצרים. וייראו העם את יי ויאמינו ביי ובמשה עבדו: כמה לקו באצבע עשר מכות. אמור מעתה במצרים לקו עשר מכות ועל הים לקו חמשים מכות: רבי אליעזר אומר מנין שכל מכה ומכה שהביא הקדוש ברוך הוא על המצריים במצרים היתה של ארבע מכות. שנאמר ישלח בם חרון אפו עברה וזעם וצרה משלחת מלאכי רעים:

מה נשתנה הלילה הזה מכל הלילות. שבכל
הלילות אנו אוכלין חמץ ומצה. הלילה הזה
כולו מצה: שבכל הלילות אנו אוכלין שאר ירקות,
הלילה הזה מרור: שבכל הלילות אין אנו מטבילין
אפילו פעם אחת. הלילה הזה שתי פעמים:
שבכל הלילות אנו אוכלין בין יושבין ובין
מסבין. הלילה הזה כלנו מסבין:

עבדים היינו לפרעה במצרים. ויוציאנו יי אלהינו משם ביד
חזקה ובזרוע נטויה. ואלו לא הוציא הקדוש ברוך הוא
את אבותינו ממצרים. הרי אנו ובנינו ובני בנינו משעבדים
היינו לפרעה במצרים. ואפילו כלנו חכמים כלנו נבונים
כלנו זקנים כלנו יודעים את התורה מצוה עלינו לספר
ביציאת מצרים. וכל המרבה לספר ביציאת מצרים הרי זה משבח:

מעשה ברבי אליעזר ורבי יהושע ורבי אלעזר בן עזריה
ורבי עקיבא ורבי טרפון שהיו מסבין בבני ברק והיו
מספרים ביציאת מצרים כל אותו הלילה עד שבאו
תלמידיהם ואמרו להם רבותינו הגיע זמן קריאת שמע של שחרית:

אמר רבי אלעזר בן עזריה הרי אני כבן שבעים שנה
ולא זכיתי שתאמר יציאת מצרים בלילות עד שדרשה
בן זומא שנאמר למען תזכור את יום צאתך מארץ מצרים כל
ימי חייך. ימי חייך הימים. כל ימי חייך הלילות.
וחכמים אומרים ימי חייך העולם הזה. כל ימי חייך
להביא לימות המשיח:

ברוך המקום. ברוך הוא. ברוך שנתן תורה לעמו ישראל. ברוך הוא.
כנגד ארבעה בנים דברה תורה:

אחד חכם. ואחד רשע. ואחד תם. ואחד שאינו יודע לשאול:

חכם מה הוא אומר. מה העדות והחקים והמשפטים אשר צוה יי אלהינו אתכם. אף אתה אמור לו כהלכות הפסח אין מפטירין אחר הפסח אפיקומן:

רשע מה הוא אומר. מה העבודה הזאת לכם. לכם ולא לו. ולפי שהוציא את עצמו מן הכלל כפר בעקר. ואף אתה הקהה את שניו ואמר לו בעבור זה עשה יי לי בצאתי ממצרים: לי ולא לו. אלו היה שם לא היה נגאל:

תם מה הוא אומר. מה זאת. ואמרת אליו בחזק יד הוציאנו יי ממצרים מבית עבדים:

ושאינו יודע לשאול את פתח לו. שנאמר והגדת לבנך ביום ההוא לאמר בעבור זה עשה יי לי בצאתי ממצרים:

יכול מראש חדש תלמוד לומר ביום ההוא. אי ביום ההוא יכול מבעוד יום. תלמוד לומר בעבור זה. בעבור זה לא אמרתי אלא בשעה שיש מצה ומרור מנחים לפניך:

מתחלה עובדי כוכבים היו אבותינו ועכשו קרבנו המקום לעבודתו. שנאמר ויאמר יהושע אל כל העם כה אמר יי אלהי ישראל בעבר הנהר ישבו אבותיכם מעולם תרח אבי אברהם ואבי נחור ויעבדו אלהים אחרים: ואקח את אביכם את אברהם מעבר הנהר ואולך אותו בכל ארץ כנען וארבה את זרעו ואתן לו את יצחק ואתן ליצחק את יעקב ואת עשו ואתן לעשו את הר שעיר לרשת אותו ויעקב ובניו ירדו מצרים:

ברוך שומר הבטחתו לישראל. ברוך הוא
שהקדוש ברוך הוא חשב את הקץ לעשות כמה
שאמר לאברהם אבינו בברית בין הבתרים שנאמר
ויאמר לאברם ידע תדע כי גר יהיה זרעך בארץ
לא להם ועבדום וענו אתם ארבע מאות שנה: וגם את הגוי
אשר יעבדו דן אנכי ואחרי כן יצאו ברכש גדול:

והיא שעמדה לאבותינו ולנו. שלא אחד
בלבד עמד עלינו לכלותנו. אלא שבכל דור
ודור עומדים עלינו לכלותנו. והקדוש ברוך הוא מצילנו מידם

צא ולמד מה בקש לבן הארמי לעשות ליעקב
אבינו שפרעה לא גזר אלא על הזכרים ולבן בקש לעקור
את הכל שנאמר ארמי אבד אבי וירד מצרימה ויגר שם
במתי מעט ויהי שם לגוי גדול עצום ורב: וירד מצרימה
אנוס על פי הדבור. ויגר שם מלמד שלא ירד יעקב
אבינו להשתקע במצרים אלא לגור שם. שנאמר
ויאמרו אל פרעה לגור בארץ באנו כי אין מרעה לצאן אשר
לעבדיך כי כבד הרעב בארץ כנען ועתה ישבו נא עבדיך בארץ גשן:

במתי מעט כמה שנאמר בשבעים נפש ירדו אבותיך
מצרימה ועתה שמך יי אלהיך ככוכבי השמים לרוב: ויהי
שם לגוי מלמד שהיו ישראל מצינים שם: גדול עצום. כמה
שנאמר ובני ישראל פרו וישרצו וירבו ויעצמו
במאד מאד ותמלא הארץ אתם:

ורב כמה שנאמר רבבה כצמח השדה נתתיך ותרבי
ותגדלי ותבואי בעדי עדיים שדים נכנו ושערך צמח ואת
ערום ועריה: ואעבור עליך ואראך מתבוססת בדמיך
ואומר לך בדמיך חיי ואומר לך בדמיך חיי:

וירעו אותנו המצרים ויענונו ויתנו עלינו עבדה קשה.
וירעו אותנו המצרים כמה שנאמר הבה נתחכמה לו פן
ירבה והיה כי תקראנה מלחמה ונוסף גם הוא על שונאינו
ונלחם בנו ועלה מן הארץ:

ויענונו כמה שנאמר וישימו עליו שרי מסים למען ענותו
בסבלותם ויבן ערי מסכנות לפרעה את פתם ואת
רעמסס: ויתנו עלינו עבדה קשה כמה שנאמר ויעבדו
מצרים את בני ישראל בפרך:

ונצעק אל יי אלהי אבותינו וישמע יי את קולנו וירא
את ענינו ואת עמלנו ואת לחצנו: ונצעק אל יי אלהי אבותינו
כמה שנאמר ויהי בימים הרבים ההם וימת מלך מצרים ויאנחו
בני ישראל מן העבדה ויזעקו ותעל שועתם אל האלהים
מן העבדה: וישמע יי את קולנו כמה שנאמר וישמע אלהים
את נאקתם ויזכר אלהים את בריתו את אברהם את יצחק ואת
יעקב: וירא את ענינו זו פרישות דרך ארץ כמה שנאמר
וירא אלהים את בני ישראל וידע אלהים: ואת עמלנו אלו
הבנים כמה שנאמר כל הבן הילוד היארה תשליכוהו וכל הבת
תחיון: ואת לחצנו זו הדחק כמה שנאמר וגם ראיתי את הלחץ
אשר מצרים לוחצים אותם: ויוציאנו יי ממצרים ביד חזקה
ובזרוע נטויה ובמורא גדול ובאתות ובמופתים: ויוציאנו יי ממצרים
לא על ידי מלאך ולא על ידי שרף ולא על ידי שליח:
אלא הקדוש ברוך הוא בכבודו ובעצמו. שנאמר ועברתי
בארץ מצרים בלילה הזה והכיתי כל בכור בארץ מצרים
מאדם ועד בהמה ובכל אלהי מצרים אעשה שפטים אני
יי: ועברתי בארץ מצרים בלילה הזה אני ולא מלאך.
והכיתי כל בכור בארץ מצרים אני ולא שרף. ובכל אלהי
מצרים אעשה שפטים אני יי אני הוא ולא השליח.
אני יי אני הוא ולא אחר:

עֶבְרָה אַחַת. וָזַעַם שְׁתַּיִם. וְצָרָה שָׁלשׁ. מִשְׁלַחַת מַלְאֲכֵי רָעִים אַרְבַּע. אֱמוֹר מֵעַתָּה בְּמִצְרַיִם לָקוּ אַרְבָּעִים מַכּוֹת וְעַל הַיָּם לָקוּ מָאתַיִם מַכּוֹת:

רַבִּי עֲקִיבָא אוֹמֵר מִנַּיִן שֶׁכָּל מַכָּה וּמַכָּה שֶׁהֵבִיא הַקָּדוֹשׁ בָּרוּךְ הוּא עַל הַמִּצְרִיִּים בְּמִצְרַיִם הָיְתָה שֶׁל חָמֵשׁ מַכּוֹת. שֶׁנֶּאֱמַר יְשַׁלַּח בָּם חֲרוֹן אַפּוֹ עֶבְרָה וָזַעַם וְצָרָה מִשְׁלַחַת מַלְאֲכֵי רָעִים: חֲרוֹן אַפּוֹ אַחַת. עֶבְרָה שְׁתַּיִם. וָזַעַם שָׁלשׁ. וְצָרָה אַרְבַּע. מִשְׁלַחַת מַלְאֲכֵי רָעִים חָמֵשׁ. אֱמוֹר מֵעַתָּה, בְּמִצְרַיִם לָקוּ חֲמִשִּׁים מַכּוֹת. וְעַל הַיָּם לָקוּ חֲמִשִּׁים וּמָאתַיִם מַכּוֹת:

כַּמָּה מַעֲלוֹת טוֹבוֹת לַמָּקוֹם עָלֵינוּ:

אִלּוּ הוֹצִיאָנוּ מִמִּצְרַיִם. וְלֹא עָשָׂה בָהֶם שְׁפָטִים. דַּיֵּנוּ:
אִלּוּ עָשָׂה בָהֶם שְׁפָטִים. וְלֹא עָשָׂה בֵאלֹהֵיהֶם. דַּיֵּנוּ:
אִלּוּ עָשָׂה בֵאלֹהֵיהֶם. וְלֹא הָרַג אֶת בְּכוֹרֵיהֶם. דַּיֵּנוּ:
אִלּוּ הָרַג אֶת בְּכוֹרֵיהֶם. וְלֹא נָתַן לָנוּ אֶת מָמוֹנָם. דַּיֵּנוּ:
אִלּוּ נָתַן לָנוּ אֶת מָמוֹנָם. וְלֹא קָרַע לָנוּ אֶת הַיָּם. דַּיֵּנוּ:
אִלּוּ קָרַע לָנוּ אֶת הַיָּם. וְלֹא הֶעֱבִירָנוּ בְתוֹכוֹ בֶּחָרָבָה. דַּיֵּנוּ:
אִלּוּ הֶעֱבִירָנוּ בְתוֹכוֹ בֶּחָרָבָה. וְלֹא שִׁקַּע צָרֵינוּ בְּתוֹכוֹ. דַּיֵּנוּ:
אִלּוּ שִׁקַּע צָרֵינוּ בְּתוֹכוֹ. וְלֹא סִפֵּק צָרְכֵּנוּ בַּמִּדְבָּר אַרְבָּעִים שָׁנָה
אִלּוּ סִפֵּק צָרְכֵּנוּ בַּמִּדְבָּר אַרְבָּעִים שָׁנָה. וְלֹא הֶאֱכִילָנוּ אֶת הַמָּן. דַּיֵּנוּ:
אִלּוּ הֶאֱכִילָנוּ אֶת הַמָּן. וְלֹא נָתַן לָנוּ אֶת הַשַּׁבָּת. דַּיֵּנוּ:
אִלּוּ נָתַן לָנוּ אֶת הַשַּׁבָּת. וְלֹא קֵרְבָנוּ לִפְנֵי הַר סִינַי. דַּיֵּנוּ:
אִלּוּ קֵרְבָנוּ לִפְנֵי הַר סִינַי. וְלֹא נָתַן לָנוּ אֶת הַתּוֹרָה. דַּיֵּנוּ:
אִלּוּ נָתַן לָנוּ אֶת הַתּוֹרָה. וְלֹא הִכְנִיסָנוּ לְאֶרֶץ יִשְׂרָאֵל דַּיֵּנוּ:
אִלּוּ הִכְנִיסָנוּ לְאֶרֶץ יִשְׂרָאֵל. וְלֹא בָנָה לָנוּ אֶת בֵּית הַבְּחִירָה. דַּיֵּנוּ:

עַל אַחַת כַּמָּה וְכַמָּה טוֹבָה כְפוּלָה וּמְכֻפֶּלֶת לַמָּקוֹם עָלֵינוּ: שֶׁהוֹצִיאָנוּ מִמִּצְרַיִם, וְעָשָׂה בָהֶם שְׁפָטִים, וְעָשָׂה בֵאלֹהֵיהֶם וְהָרַג אֶת בְּכוֹרֵיהֶם וְנָתַן לָנוּ אֶת מָמוֹנָם וְקָרַע לָנוּ אֶת הַיָּם וְהֶעֱבִירָנוּ בְתוֹכוֹ בֶּחָרָבָה וְשִׁקַּע צָרֵינוּ בְּתוֹכוֹ וְסִפֵּק צָרְכֵּנוּ בַּמִּדְבָּר אַרְבָּעִים שָׁנָה וְהֶאֱכִילָנוּ אֶת הַמָּן וְנָתַן לָנוּ אֶת הַשַּׁבָּת

וקרבנו לפני הר סיני. ונתן לנו את התורה. והכניסנו לארץ ישראל. ובנה לנו את בית הבחירה לכפר על כל עונותינו:

רבן גמליאל היה אומר כל שלא אמר שלשה דברים אלו בפסח, לא יצא ידי חובתו ואלו הן פסח, מצה, מרור:

פסח שהיו אבותינו אוכלים בזמן שבית המקדש קים על שום מה על שום שפסח הקדוש ברוך הוא על בתי אבותינו במצרים שנאמר ואמרתם זבח פסח הוא לי"י אשר פסח על בתי בני ישראל במצרים בנגפו את מצרים ואת בתינו הציל ויקד העם וישתחוו:

מצה זו שאנו אוכלים על שום מה. על שום שלא הספיק בצקת של אבותינו להחמיץ עד שנגלה עליהם מלך מלכי המלכים הקדוש ברוך הוא וגאלם. שנאמר ויאפו את הבצק אשר הוצי הוציאו ממצרים עגת מצות כי לא חמץ כי גרשו ממצרים ולא יכלו להתמהמה וגם צדה לא עשו להם:

מרור זה שאנו אוכלים על שום מה על שום שמררו המצריים את חיי אבותינו במצרים. שנאמר וימררו את חייהם בעבודה קשה בחמר ובלבנים ובכל עבדה בשדה את כל עבדתם אשר עבדו בהם בפרך:

בכל דור ודור חיב אדם לראות את עצמו כאלו הוא יצא ממצרים שנאמר והגדת לבנך ביום ההוא לאמר בעבור זה עשה י"י לי בצאתי ממצרים: לא את אבותינו בלבד גאל הקדוש ברוך הוא אלא אף אותנו גאל עמהם שנאמר ואותנו הוציא משם למען הביא אתנו לתת לנו את הארץ אשר נשבע לאבתינו:

לפיכך אנחנו חיבים להודות להלל לשבח לפאר לרומם להדר לברך לעלה ולקלס למי שעשה לאבותינו ולנו את כל הנסים האלו. הוציאנו מעבדות לחרות. מיגון לשמחה. ומאבל ליום טוב. ומאפלה לאור גדול. ומשעבוד לגאלה. ונאמר לפניו שירה חדשה הללויה:

הללויה הללו עבדי יי הללו את שם יי: יהי שם יי מבורך מעתה ועד עולם: ממזרח שמש עד מבואו מהלל שם יי: רם על כל גוים יי על השמים כבודו: מי כיי אלהינו המגביהי לשבת: המשפילי לראות בשמים ובארץ: מקימי מעפר דל מאשפת ירים אביון: להושיבי עם נדיבים עם נדיבי עמו: מושיבי עקרת הבית אם הבנים שמחה הללויה:

בצאת ישראל ממצרים בית יעקב מעם לעז: היתה יהודה לקדשו ישראל ממשלותיו: הים ראה וינס הירדן יסוב לאחור: ההרים רקדו כאילים גבעות כבני צאן: מה לך הים כי תנוס הירדן תסב לאחור: ההרים תרקדו כאילים גבעות כבני צאן: מלפני אדון חולי ארץ מלפני אלוה יעקב: ההפכי הצור אגם מים חלמיש למעינו מים:

ברוך אתה יי אלהינו מלך העולם אשר גאלנו וגאל את אבותינו ממצרים והגיענו הלילה הזה לאכל בו מצה ומרור. כן יי אלהינו ואלהי אבותינו יגיענו למועדים ולרגלים אחרים הבאים לקראתנו לשלום שמחים בבנין עירך וששים בעבודתך. ונאכל שם מן הזבחים ומן הפסחים (במוצ"ש מן הפסחים ומן הזבחים) אשר יגיע דמם על קיר מזבחך לרצון. ונודה לך שיר חדש על גאלתנו ועל פדות נפשנו. ברוך אתה יי גאל ישראל:

(כוס שני) ב"א יי אמ"ה בורא פרי הגפן:

(רחצה) ב"א יי אמ"ה אקב"ו וצונו על נטילת ידים:

(מוציא מצה) ב"א יי אמ"ה המוציא לחם מן הארץ:
ב"א יי אמ"ה אקב"ו וצונו על אכילת מצה:

(מרור) ב"א יי אמ"ה אקב"ו וצונו על אכילת מרור:

(כורך) זכר למקדש כהלל. כן עשה הלל בזמן שבית המקדש קים היה כורך מצה ומרור ואוכל ביחד לקים מה שנאמר על מצות ומרורים יאכלהו:

שלחן עורך • צפון • ברך • ברכת המזון • כוס שלישי • שפוך
הלל: לא לנו ... עד סוף

הודו לי"י כי טוב כי לעולם חסדו:

הודו לאלהי האלהים כי"ל · הודו לאדני האדנים כי"ל
לעשה נפלאות גדלות לבדו כי"ל · לעשה השמים בתבונה כי"ל
לרוקע הארץ על המים כי"ל · לעשה אורים גדולים כי"ל
את השמש לממשלת ביום כי"ל · את הירח וכוכבים לממשלות בלילה כי"ל
למכה מצרים בבכוריהם כי"ל · ויוצא ישראל מתוכם כי"ל
ביד חזקה ובזרוע נטויה כי"ל · לגוזר ים סוף לגזרים כי"ל
והעביר ישראל בתוכו כי"ל · ונער פרעה וחילו בים סוף כי"ל
למוליך עמו במדבר כי"ל · למכה מלכים גדולים כי"ל
ויהרג מלכים אדירים כי"ל · לסיחון מלך האמרי כי"ל
ולעוג מלך הבשן כי"ל · ונתן ארצם לנחלה כי"ל
נחלה לישראל עבדו כי"ל · שבשפלנו זכר לנו כי"ל
ויפרקנו מצרינו כי"ל · נותן לחם לכל בשר כי"ל

הודו לאל השמים כי לעולם חסדו:

נשמת [illegible]

כוס רביעי · בא"י אמ"ה בורא פרי הגפן:

בא"י אמ"ה על הגפן ועל פרי הגפן ועל תנובת השדה ועל ארץ חמדה טובה ורחבה שרצית והנחלת לאבותינו לאכול מפריה ולשבוע מטובה. רחם י"י אלהינו עלינו ועל ישראל עמך ועל ירושלים עירך ועל ציון משכן כבודך ועל מזבחך ועל היכלך ובנה ירושלים עיר הקדש במהרה בימינו. והעלנו לתוכה ושמחנו בה ונברכך עליה בקדשה ובטהרה: (בשבת ורצה והחליצנו ביום השבת הזה) ושמחנו ביום חג המצות הזה. כי אתה י"י טוב ומטיב לכל ונודה לך על הארץ ועל פרי הגפן.
ברוך אתה י"י על הארץ ועל פרי הגפן:

חסל סדור פסח כהלכתו. ככל משפטו וחקתו. כאשר זכינו לסדר אותו. כן נזכה לעשותו: זך שוכן מעונה. קומם קהל עדת מי מנה. בקרוב נהל נטעי כנה. פדויים לציון ברנה:
לשנה הבאה בירושלים:

ספירת העומר בליל שני של פסח:

בא"י אמ"ה אקב"ו על ספירת העומר. היום יום אחד לעומר

Ki lau noé Ki lau joé.

Adir bimlucho, bochur kahadlocho, gedudof jaumru lau, lecho ulecho, lecho ki lecho, lecho af lecho, lecho adaunoihamlocho, ki lau noé, ki laujoé. Dogul bimlucho, hodur kahalucho, wosikow jaumru lau, lcho ulcho, lcho ki. lcho, lcho af lcho, lcho ad;;hamamlocho, ki lau noë, ki lau joë, sakaj bimlucho, chossin kahalocho, taw serof jaumru lau, lcho ulcho, lcho ki l lcho, lcho af lcho, lcho Ad..hamamlocho, ki lau noë, ki lau joë. Jochid bilucho, kabir kahalocho, limudow jaumru lau, lcho ulcho lcho ki lcho lcho af lcho lcho Ad..hamamlocho ki lau noë ki lau joë, mauschel bimlucho, nauro kahalocho, swiwow jaumru lau, lcho ulcho lcho ki lcho lcho af lcho, lcho Ad..hamamlocho, ki lau noë, ki lau joë, onow bimlucho paude kahalocho, zadikow jaumru lau, lcho ulcho, lcho ki lcho, lcho af lch lcho Ad..hamamlocho, ki lau noëki lau joë, kodausch bimlucho, rachum ~~kahalocho~~, schinanow jaumru lau. lcho ulcho, lcho ki lcho, lcho af lcho, lcho Ad..hamamlocho, ki lau noë, ki lau joë, Takif bimlucho, taumëch kahalocho, tmimow jaumru lau, lcho ulcho lcho af lcho, lcho Ad.. hamamlocho, ki lau noë, ki lau joë,

Adir hu jiwne weissau bekorauw, bimhero bimhero bejomenu bekorauw ~~el bene el bene bene wesscho bekorauw~~, bochur hu godaul hu dogul hu jiwne;;;;;;;;;, hodur hu, wossik hu, sakai hu, chossid hu, jiwne....... tahaur hu, jochid hu, kabir hu, lomud hu, melech hu, nauroh hu, ssagiw hu, isus hu, paude hu, zadik hu, jiwne ;;;;;; kodausch hu, rachum hu, schadai hu, takif hu, jiwne ....

Echod mi jaudea, echod ani jaudea, echod elaukenu schebaschomajim uwoorez. Schnajim mi jaudea, schenajim ani jaudea, schne luchaus habris echod etc. Schlauscho mi jaudea, schlauscho ani jaudea, schlauscho obaus schnei ::::

Arba mi jaudeia,arba ani jaudea,arba imohaus,schlauscho ::::
Chamischo mi jaudea,chamischo ani jaudea,chamischo chumsche tauro,arba ::
tauroSchischo mi jaudea,schischo ani jaudea,schischo sidre mischno,cham.:
Schiwo mi jaudea,schiwoani jaudea,schiwo jme schabbato,schischo::::
Schmauno mi jaudea,schmauno ani jaudea,schmauno jme milo,schiwo::::
Tischo mi jaudea,tischo ani jaudea,tischo jarche ledo,schmauno::::
Asoro mi jaudea,asoro ani jaudea,asoro dibrajo,tischo::::
Achod osor,mi jaudea,achad osor ani jaudea,achad osor kauchwajo,asoro:::
Schnem osor mi jaudea,schnem osor ani jaudea,schnem osor schiwtajo,achad oso
Schlauscho osor mi jaudea,schlauscho osor ani jaudea,schlauscho osor midajo,
schnem osor etc.

Chad gadjo, chad gadjo desabin abo bitre susei, chad gadjo, chad gadjo
weosso schunro weochlo le gadjo desabinabo::::::::::::::
weosso chalbo wenoschach leschunro deochlo gadjo:::::::::::
weosso chutro wehiko lechalbo denoschach leschunro:::::::::::::
weosso nuro wessoraf lechutro dehiko lechalbo denoschach leschunroh::::
weosso majo wechowo lenuro dessoraf lechutro dehiko lechalbo denoschach leschunro
weosso ssauro weschosso lemajo dechowo lenuro dessoraf lechutro dehiko lechalbo denoschach leschunro:::::::::::
weosso haschauched weschochad lessauro deschosso lemajo dechowo lenuro dessoraf lechutro dehiko lechalbode denoschach leschunro:
weosso malach hamowes weschochad leschauched deschochad lessauro deschosso lemajo dechowo lenuro dessoraf lechutro dehiko lechalbo:::::
Weosso Hakodausch boruch hu weschochat lemalach hamowes deschochad leschauched deschochad lessauro deschosso lemajo dechowo lenuro dessoraf lechutro dehiko lechalbo denoschach leschunro deochlo legadjo desabin abo bitre susei chad gadjo chad gadjo.

Edité du Rabbinat du Rabbin LEO ANSBACHER, GURS (France) NISSAN 5701.

....

Der Lichtblick in dieser Zeit,
waren die Freunde, die wir getroffen.

Max Ansbacher
L. Rothschild

A notre Ami
Julien Samuel – au
chasseur infatigable des
nourritures supplémentair[es]

פותח את ידך ומשביע

Vos
Ludwig Zuckermann
Rabbin Ansbacher

Souvenir de Pesach 5701

Pinhas Rothschild

Pessah au camp de Gurs 1941

A cette époque, quand nous avons fêté Pessah au camp de Gurs, nous avions le sentiment qu'un vent de la terre promise soufflait jusqu'à nous à travers le désert, au sens où : "d'une main forte, Dieu nous sortit de la maison d'esclavage".

Avant, nous étions en exil, insouciants. Et nous ne nous efforcions ni d'approfondir les choses ni de nous souvenir du miracle de la sortie d'Egypte, de ce passage de l'esclavage à la liberté. Maintenant, ce qui était arrivé à notre peuple en ces jours lointains nous touchait et devenait notre expérience, c'était comme la répétition de ce qui s'était passé alors : la promesse et l'impatience furent notre lot. C'est ainsi que nous avons commencé à nous préparer à cette semaine de fête, dans le camp, à l'heure où nous balancions, plus que jamais, entre espoir et tribulations.

Et voici que le problème trouva sa solution. Il manquait certes de nombreuses denrées, mais nous avions des matsot, comme chaque année depuis la sortie d'Egypte. Par la voie des affiches collées par le rabbinat local et le discours du rabbin le jour du Chabbat Hagadol[1], nous savions ce qui était permis et ce qui était interdit. Nous ne savions d'où, comme par Providence, est arrivée de la nouvelle vaisselle. Dans l'ordre et discrètement, les hommes dans leurs baraques et les femmes dans les leurs, astiquèrent ces assiettes, ces casseroles, ces fourchettes et ces cuillères. La cendre de bois donnait une brillance à la vaisselle avant que celle-ci ne soit cachérisée pour la fête.

Les gens du comité faisaient le tour des baraques et ramassaient de l'argent pour le repas de fête. Tous ne pouvaient pas donner, parce qu'au cours de ces longs mois, nombreux étaient ceux qui étaient totalement démunis. Cependant, la table fut dressée pour tous.

Les misérables tables du Séder des familles et des groupes d'amis avaient été préparées avec un amour mêlé de tristesse mais elles étaient sans aucun doute plus festives que les grandes tables de bois des baraques de la culture. Elles étaient décorées du principal matériau de construction du camp, le fer-blanc de

Fritz Schleifer
(Mazkir), Camp de Gurs, 1941

boîtes de conserve vides. Les assiettes et les bols brillaient de l'éclat des couvercles et des boîtes de conserve et les bougies étaient allumées dans des bougeoirs sculptés avec art dans "le matériau de Gurs". Leur lumière scintillait sur le bois des baraques, sur les visages de gens épuisés de tourments, dans leurs yeux remplis d'espoir et de joie contenus. Sur le blanc des nappes en papier qui recouvraient les tables, seuls tranchaient les plats du Séder qui avaient l'air d'autant plus vides. Chaque plat comportait trois parties pour les matsot du Séder dont chacune était recouverte d'un mouchoir de dentelle ou de mantilles colorées qui, c'était évident, avaient été emballés à la hâte dans le tourbillon de la fuite.

Mais plus précieuses que tout, plus chères que les Haggadot décorées et ornées auxquelles nous étions habitués, étaient à nos yeux les Haggadot toutes simples, écrites à la main. Ces Haggadot devinrent, dès le lendemain de la fête, un bien chargé de souvenirs qui fut gardé avec soin.

La soirée commença à la tombée de la nuit avec l'arrivée des hommes, les maris, les frères, les fils, aux baraques des femmes. Bientôt s'élevait la vieille mélodie de cette nuit, "ha lahma anya..."[2]

On ne peut imaginer un repas de Séder plus pauvre que celui qui fut servi ce soir-là. Nombreux furent ceux qui reçurent un peu de salade au lieu du maror, du harosset[3] et des œufs traditionnels. Peu de gens eurent la chance de faire un vrai repas, même maigre. Quelques chanceux avaient reçu des paquets de nourriture, qu'ils partagèrent gracieusement entre tous les convives.

La nuit printanière d'avril, fraîche et humide, tombait sur les sentiers sombres entre les baraques. Des baraques, perçaient des lumières et on entendait des voix qui récitaient les bénédictions et chantaient. Les paroles de ce chant furent récitées d'innombrables fois, c'était un chant d'élévation, de consolation et d'espoir.

"Had gadia had gadia[4]". C'est au son de ces chants, que furent plantées les tentes des enfants d'Israël il y a trois mille ans. Sous un ciel étoilé, à la lumière discrète de la lune qui éclairait comme en plein jour, les enfants d'Israël, aujourd'hui comme alors, se mirent à la tâche.

Les repas des jours de fêtes n'étaient pas somptueux mais ils étaient doux au palais et pouvaient presque rassasier. De même que le premier jour de la fête, le dernier également est un jour sanctifié. Ce jour là, le ciel brillait au-dessus des milliers de personnes rassemblées sur le terrain. Les montagnes s'élevaient incroyablement proches et les pentes enneigées des sommets se détachaient clairement. Il semblait que l'échafaudage de la scène, décorée de lilas, s'élevait jusqu'au firmament. Une étoile de David brillait. A la voix humaine qui s'élevait dans la ferveur de la prière, au-dessus des sons printaniers des oiseaux de la forêt toute proche, les milliers de déportés, de persécutés, répondirent Amen, émus par les paroles de la Torah. Le Hazan[5] récita le Kadich[6] et sa prière fit vibrer la foule qui se prostra dans un profond silence d'affliction. Un tressaillement traversa l'assemblée quand le rabbin Léo Ansbacher parla des morts et des vivants au camp. Les morts, enterrés au cimetière tout proche, les vivants, ceux qui continuent leurs pérégrinations. Avec cœur, et débordant d'espoir, il dressa un tableau de tranquillité, de jours de sécurité et de bonheur, de révélation renouvelée et de solidarité. Il parla en allemand et dans la langue du pays et ses paroles étaient porteuses de consolation. Alors s'éleva une mélodie d'un chapitre des Psaumes et le premier ministre-officiant, Tulmann, entonna le "El malé rahamim[7]". Sa voix s'éleva dans la prière "hachivou hachem ve-nachouva[8]..." et accompagna la rentrée du rouleau de la loi.

C'est ainsi que ce Pessah fut un temps de court répit entre la fuite et les errances, mais il fut certainement plus proche de l'esprit de la prière à la fois ancienne et nouvelle : "l'an prochain à Jérusalem", que les fêtes de Pâques qui l'avaient précédé.

Ecrit après Pessah 1941

1 Chabbat Hagadol est le Chabbat précédant la fête de Pessah (NdT)

2 Introduction à la narration : "voici le pain de misère..." (NdT)

3 Mets traditionnels du Séder de Pessah, rappelant symboliquement les conditions des Hébreux en Egypte. NdT

4 Chant traditionnel du Séder – NdT

5 Ministre-officiant (NdT)

6 La prière des morts (NdT)

7 "Dieu plein de miséricorde", prière funéraire (NdT)

8 "Ramène-nous Dieu, et nous reviendrons" (NdT)

Par le Rabbin A. Yéhochoua Zuckerman

La Haggadah de mon père

Printemps 1941 – Camp d'internement

Cela fait déjà un an que mon père est enfermé derrière des barbelés, avec douze mille autres Juifs. Le Camp de Gurs est en France, il est situé à la frontière espagnole. Les Pyrénées dominent le camp. Des Français en ont le contrôle, mais leur coeur est aux Allemands.

Et Pessah approche.

Mon père, que sa mémoire soit bénie, se consacre aux affaires publiques ; il se dépense pour organiser des cours de Torah et des ateliers, pour assurer le service des morts, l'infirmerie, les activités culturelles et diriger l'établissement pour vieillards. Parmi les internés, des hommes de foi, comme le Rabbin Yéhouda Léo Ansbacher, son frère Mordechaï et son ami Pinhas Rotschild s'efforcent d'insuffler vie et espoir dans le coeur de ces malheureux. Chaque jour, la maladie et la faim font leur lot de victimes.

Et Pessah – approche.

Le Rabbin Kapel, aumônier de l'armée française et délégué du grand rabbinat de France, raconte dans son livre qu'il réussit à obtenir dix mille kilos de farine pour la préparation de matsot (pains azymes) pour tous ceux qui se sont engagés par écrit à renoncer à leur misérable part de pain quotidien, courant ainsi le risque de perdre sur les deux tableaux.

Pessah approche et point de Haggadot.

Mon père se mit à l'œuvre pour en trouver. Il raconte, et ma sœur s'en souvient très bien, qu'il entreprit de graver à l'aide d'une pierre aiguisée, toute la Haggadah en lettres hébraïques. Les chants qui clôturent la Haggadah furent imprimés en lettres latines. Par la suite, et comme il en témoigne dans son propre livre, le Rabbin Kapel s'appliqua à les faire polycopier à Toulouse, la ville avoisinante, en plusieurs milliers d'exemplaires.

La barbarie allemande est à son comble. Nous ne sommes pas loin des atrocités de "la solution finale". Quand on le leur demandera, les fonctionnaires français exécutant les ordres des nazis, livreront sans retard la plupart de ceux qui seront encore internés, pour être déportés vers l'Est, vers la Pologne, vers les camps d'extermination. Mais à Gurs, en ce printemps 1941, des Juifs lisent la Haggadah de Pessah. Ils se recueillent, tournés vers la longue histoire de leur peuple.

Avant de trancher le sort de l'Egyptien, il est écrit que Moïse "se tourna de-ci, de-là, et ne voyant paraître personne, il frappa l'Egyptien". Nos sages expliquent qu'il sonda l'histoire de cet homme : bénéficie-t-il du mérite de ses ancêtres ? Engendrera-t-il une descendance vertueuse ? Après s'être tourné d'un côté et de l'autre, vers son passé et vers son avenir, il vit qu'il n'y avait personne, alors il lui fit justice.

L'homme vit la continuité de l'histoire ; il est l'héritier du passé de son peuple, et en constitue le lien avec l'avenir. Ses actes lui appartiennent, mais il n'est pas seulement jugé en tant qu'individu. Sa propre personnalité est révélatrice d'une histoire. Les Juifs du camp de Gurs sont à l'image même de ce peuple, depuis les prémices de sa création et de son devenir.

Plus de trois mille trois cents ans se sont écoulés depuis la sortie d'Egypte et la révélation du Sinaï, et le peuple hébreu relate, d'année en année, le récit de son éclosion. La Haggadah de Pessah est lue et commentée dans chaque foyer. Et maintenant, ce sont ceux qui sont parqués dans ce camp d'internement, ceux qui sont condamnés à disparaître, qui vont s'y appliquer. Car tel est le secret de leur pérennité : l'Histoire. L'histoire de la nation traverse chacun de ses membres, en sorte "qu'aucun de ses exilés ne sera proscrit, jamais !"

Ce sont les fils qui bâtissent l'histoire

"La Torah fait référence à quatre fils" nous dit la Haggadah. "Et là, le fils pose une question", il questionne son père ou son grand-père. N'importe quel enfant connaît le *Ma Nichtana,* puisque tous le récitent ou désirent le réciter. Et toute réponse appelle une nouvelle question, puisque l'histoire s'enchaîne et se développe dans l'édification du peuple par ses fils, vers l'infini de "l'Eternel d'Israël".

Au camp, mon père s'occupe d'éducation. Il écrit la Haggadah de mémoire, comme en témoignent les quelques fautes qui y apparaissent.

Mon père était un érudit, intègre dans sa foi. Il avait une conscience aiguë de la sainteté de son peuple et aimait chaque créature. Dévoué aux affaires publiques, il était également apprécié par le personnel du camp, ce qui d'ailleurs le sauva. Etant préposé au service des morts (*Hevra Kadicha*) et aimé de tous, il avait réussi à gagner l'amitié du chef de l'équipe des fossoyeurs professionnels, des non-Juifs nommés par les autorités françaises. Ceux-ci l'aidèrent à s'évader en mai 1942, au moment opportun. Lorsque mon père pressentit qu'on évacuait les Juifs vers l'Est, vers la Pologne, il réussit à s'échapper du camp, couché dans un cercueil.

Les trois sortes d'héroïsme :
les héros des heures terribles de la Diaspora,
les combattants de la liberté pour l'édification de la nation
et les idéalistes de la vie quotidienne.

L'héroïsme suprême s'exprimant par le maintien de l'identité juive à l'intérieur des camps de concentration ou d'extermination, mérite une explication. On connaît l'héroïsme courageux de celui qui lutte contre les vagues déferlantes pour échapper à la noyade, sans perdre sa vaillance. On est impressioné par l'héroïsme, issu d'un formidable esprit de bravoure, chez le combattant qui se dévoue pour protéger son peuple. Il ne recule pas devant le danger, il est déterminé à combattre au nom de la collectivité. Il risque sa vie, non pas pour ses intérêts personnels, mais en vertu de l'essence profonde de sa personnalité. En de telles circonstances, sa propre mère l'enverrait combattre : "Va, mon fils, défendre notre peuple et reviens-nous vite" – car il s'agit d'une guerre pour la sauvegarde de la nation, et pour l'avenir moral de l'humanité.

Les héros des heures terribles de la Diaspora

Il existe encore un héroïsme, celui qui est entièrement voué au maintien de l'identité collective. Le combattant sait alors qu'il va lui-même disparaître, qu'il n'a aucune chance de revenir vivant de la bataille, et qu'il n'en retirera aucun profit personnel concret. C'est une guerre pour l'âme profonde de son peuple, pour sa liberté, pour le bien, le droit et la justice. Voilà pourquoi c'est son combat. "Et là, le fils pose une question" : l'histoire se transmet de père en fils. Le droit religieux (*la Halacha*) nous enseigne : "S'il est seul, il s'interrogera lui-même" (Traité Pessahim 116, a). Cet héroïsme est celui de l'éternité. Ce n'est pas un héroïsme du présent, ce n'est pas celui du corps volant au secours de l'âme, c'est l'héroïsme de l'âme elle-même, de l'essence d'Israël !

L'existence juive évolue à deux niveaux : une dimension historique greffée à la dimension singulière, une âme unique révélée sous des visages multiples. Le peuple d'Israël vit et vivra, même si les individus meurent. Comment est-ce possible ? C'est que le "méridien" de l'histoire, verticale de l'éternité, se prolonge pour se dévoiler pleinement, à travers toutes les "parallèles" des millions d'individus qui composent chaque génération. L'âme se manifeste dans notre monde par la "ligne parallèle" du corps. Certaines générations comptent dix millions de Juifs, d'autres quinze millions ; mais tous ont pour nom Israël, patronyme de leur âme commune.

Les individus disparaissent. Et l'âme continue de frayer son chemin selon le méridien de l'histoire, par l'intermédiaire des millions de personnes qui constituent les générations suivantes, et assurent la pérennité de ce peuple. A chaque génération, ses maîtres et ses particularités propres ; l'âme, elle, est permanence : elle est l'éternité même. Et c'est d'elle qu'est issue la force de vaincre (la racine hébraïque N.Tz.H. signifie aussi bien "victoire" "qu'éternité" – n.d.t.), même si le corps devait être détruit. Car ce peuple sait ses enfants capables de s'abandonner aux flammes si nécessaire, pourvu que soient préservées son identité et ses valeurs les plus vitales. La fidélité de ce combattant envers les valeurs de la nation lui insuffle ces forces immenses qui le mèneront parfois jusqu'au sacrifice suprême. Il se dévoue tout entier au devenir de l'âme collective. C'est un combat pour la défense de son foyer, le foyer national ; tel n'est pas le cas des internés des camps, auxquels il ne reste que l'héroïsme spirituel, qu'est celui de l'âme et des valeurs éternelles.

Au camp de Gurs, à la frontière de l'Espagne, d'où furent expulsés les Juifs il y a plus de cinq cents ans, les voilà maintenant broyés par la France catholique, fille aînée de l'Eglise, sous l'emprise de l'idéologie du nazisme européen. Ici, l'héroïsme pour le maintien des valeurs est celui du supplicié sur l'autel de l'Inquisition qui refuse la conversion forcée au christianisme, et finit par être emporté au ciel dans les flammes du bûcher. Dans cet enfer, le camp célèbre la fête de la liberté. En lisant la Haggadah, au Séder collectif de 1941, les participants se hissent au-dessus du présent terrible et désespéré, pour se rattacher à leur être intérieur, historique, d'où s'épanche une lumière de justice et d'intégrité, de bonté et d'amour. La Haggadah les réunit autour des fondements de leur existence nationale, qui ne sont pas, au camp de Gurs, moins actuels qu'aux bords du Nil en Egypte ou sur les rives de l'Euphrate du temps des sages du Talmud. En ce jour, les voilà rassemblés par cette lecture, eux, leurs enfants et leurs petits-enfants, pour l'éternité. C'est la fête de la libération pour chaque génération. L'an prochain à Jérusalem, l'an prochain dans la cité restaurée !

Les combattants de la liberté au service de l'édification de la nation

L'héroïsme des soldats qui ont édifié l'Etat d'Israël, est plus extraordinaire encore que celui des Juifs de diaspora, qui ont pu survivre grâce à la faculté ancrée en eux, de vivre le présent au futur. Ceux-là combattent pour Jérusalem surnommée Talpiot – la colline (*"tel"*) du Temple, vers laquelle toutes les bouches (*"piot"*) formulent leurs prières, où converge l'humanité entière. Les fils en ont fait leur capitale ; ils ont reconstruit le foyer capable d'accueillir toute la nation. Le corps est bien vivant, il existe réellement, et les enfants sont l'objectif ultime.

"C'est en référence à quatre fils que s'exprime la Torah". Le sacrifice des pères qui vivaient en diaspora était offert au nom de **l'âme** du peuple, qui est aux cieux – les élevant au rang des anges eux-mêmes. Mais les fils, qui combattent pour la restauration concrète du **corps** de la nation et l'existence de l'âme, parviennent à se hisser jusqu'aux cîmes de l'Homme de perfection. Les pères parlaient d'une éternité qui occulte le présent, mais les fils se rattachent à l'éternité par le présent.

C'est pourtant aux pères qu'il incombe de remplir le commandement divin : "tu raconteras à ton fils…", et plus généralement "tu (les) enseigneras à tes enfants" ; car ce sont eux qui introduisent dans les "parallèles" les idéaux issus du "méridien". Le rôle du prophète Elie, venant annoncer la venue du royaume d'Israël, à nouveau souverain, est de relier les générations entre elles : "Il ramènera le cœur des pères à leurs enfants, et le cœur des enfants à leurs pères" (Malachie III, 24) ; car l'objectif suprême est de relier le ciel et la terre. La Haggadah ne célèbre pas tant l'héroïsme purement spirituel, qu'elle n'exalte la sainteté qui apparaît dans le monde de nature et de matière. La sainteté de l'ermite, incapable d'affronter la réalité et qui s'en écarte, n'est pas celle du Créateur du ciel et de la terre. La sienne englobe et le ciel et la terre ; alors que celle de l'anachorète a valeur de péché.

L'héroïsme des fils exige une lutte beaucoup plus difficile puisque relier le ciel et la terre signifie avoir sur terre des qualités d'ordre céleste, comme aimer en chacun l'âme d'Israël dont il est porteur, aimer chaque Juif, même s'il a fauté, et même si on est en profond désaccord avec lui. Dans l'Etat d'Israël d'aujourd'hui, les soldats de *Tsahal* sont l'expression de l'amour d'Israël. Tout citoyen de plus de dix-huit ans et servant dans l'armée est prêt, en temps de guerre, à mettre sa vie en danger pour la nation, pour cette âme commune à chaque membre d'Israël. Il y a deux mille ans, la haine entre les Juifs a divisé la nation et a provoqué sa dispersion aux quatre coins du monde (Traité Yoma, 9,b). Le peuple fut exilé et condamné à errer pendant deux mille ans. L'héroïsme qui fut celui de toutes les terres d'exil, et dans lequel on décèle la profondeur de notre nature collective nationale, est celui-là même qui se révèle aujourd'hui dans la guerre pour la sauvegarde de la nation, dont l'enjeu est l'établissement d'une souveraineté définitive sur sa terre.

C'est en dépit de l'exil que nous avons reçu de la Torah une promesse : "Mais même alors, quand ils se trouveront relégués dans le pays de leurs ennemis, je ne les mépriserai ni ne les repousserai au point de les anéantir, en rompant mon alliance avec eux ; car je suis l'Eternel leur D-ieu" (Lévitique XXVI, 44). Cinq cents ans plus tard Samuel prophétise : "C'est D-ieu qui assure la pérennité d'Israël. Or D-ieu ni ne trompe ni ne se repent, car Il n'est pas un homme pour se rétracter" (I Samuel XV, 29). Mille ans plus tard, les Sages de la Haggadah disent la louange : "Béni soit Celui qui tient la promesse qu'Il a faite au peuple d'Israël, béni soit-Il" (Haggadah de Pessah, version citée dans la Haggadah de Gurs). Et l'auteur de la Haggadah poursuit l'éloge de cette promesse :

> "C'est elle qui nous a soutenus, nous et nos ancêtres,
> Car ce n'est pas un seul qui s'est levé contre nous pour nous exterminer,
> Mais à chaque génération, on s'élève contre nous pour nous anéantir.
> Et le Saint béni soit-il nous sauve de leurs mains".

Et cela fait plus de trois mille trois cents ans.

Les idéalistes de la vie quotidienne

Il existe encore un genre d'héroïsme, différent de celui qui est nécessaire pour survivre en diaspora ou en terre d'Israël : c'est celui qui contribue à la joie authentique de la vie jusque dans sa quotidienneté. Les trois sortes d'héroïsme sont de la même essence et relèvent de la même définition : c'est ce trait de personnalité capable de concentrer des forces importantes, dotées de toute l'énergie interne, et de les mettre en œuvre dans un cadre de vie normal, sans toutefois les affaiblir. Le véritable héros, malgré les immenses forces créatrices qui sont en lui, ne les disperse pas en vain. Il sait les faire agir avec précision et finesse sans les étouffer. C'est ce qu'exprime le Traité des Pères (IV, 1) : "Le héros est celui qui sait dompter ses instincts". Ainsi se comporte le peuple d'Israël en diaspora : il s'applique à contenir ses forces, leur donnant dans le même temps une expression fidèle au sein de la vie privée, en fondant une famille même dans un camp d'internement. La braise demeure incandescente, et le peuple conserve son étincelle de vie. Grand est l'héroïsme qui dévoile les forces profondes du peuple dans l'action quotidienne : dans l'amour du prochain, dans la sensibilité délicate, toute en douceur, qui se dévoile dans l'étreinte de la mère à son enfant, dans la touche divine qui se réalise à travers l'oeuvre de l'idéaliste. Il faut savoir que celui qui est à l'écoute de son monde intérieur peut devenir un héros, s'il sait laisser parler fidèlement et intensément ses aspirations profondes.

La Guémara (Traité Makot, 24, a) dit au sujet des mitsvot (commandements) qu'ils nous furent transmis "de la bouche du Tout – Puissant" ; cela signifie que les commandements de la Torah sont l'expression limitée et rigoureuse de la puissance des idéaux les plus nobles qui nous habitent, des courants de volonté divine qui traversent notre for intérieur. Les mitsvot – du mot Tsavot, ordonner, et aussi de *Tsevet*, faire équipe, réunir – entraînent la réunion du ciel et de la terre, lorsqu'Israël se réinstalle dans son pays.

De nos jours, l'héroïsme du peuple sur sa terre consiste à laisser parler son âme historique à travers la vie politique, la langue hébraïque, et l'économie nationale. Il se peut que nous ne soyons pas encore parvenus à cette sorte d'héroïsme, sachant concentrer la puissance du peuple Juif dans chaque détail de la vie et donnant à toute démarche une signification israélienne profondément authentique.

De la Shoah à la Renaissance d'Israël

Les atrocités de la Shoah ont arraché Israël de la terre des Nations. L'époque est celle d'une période transitoire : entre la venue de rares pionniers, et l'arrivée des centaines de milliers qui viendront vivre en terre d'Israël et grâce à qui sera proclamé l'Etat. L'héroïsme qui apparaît à l'époque de la Shoah est ce cri silencieux qu'arrachent des supplices horribles et qui proclame l'existence du peuple d'Israël. C'est un héroïsme surhumain. Il relève du domaine où se confondent les choix humain et divin du peuple d'Israël. De fait, il n'y a pratiquement pas de libre-arbitre ; ce n'est pas par décision personnelle que telle personne est Juive, qu'elle prend part à l'histoire. La cœrcition faite à l'individu, et la proclamation qu'il abrite en lui une âme juive, ressemble à la cœrcition de la naissance mais en sens inverse : au Sinaï une âme historique fut donnée aux six cent mille Juifs, à leur naissance et à Auschwitz, on a pensé pouvoir la leur arracher. Mais dans les deux cas fut confirmée l'évidence même de l'existence du peuple Juif.

Au mont Sinaï, c'est une forme de l'héroïsme divin qui revêtit l'âme de ce peuple d'un corps réel. La marche vers les crématoires à cause de leur judéité est l'héroïsme surhumain qui est resté à ceux de notre peuple se trouvant exilés parmi les nations. Le Sinaï constitue le point-origine de ce peuple aboutissant à l'éternité, dont la manifestation essentielle est dans la résurrection des ossements désséchés de toutes les tombes de la diaspora, et le retour du peuple d'Israël sur sa terre. C'est alors qu'apparaît l'héroïsme des fils, l'héroïsme de la résurrection.

"Alors Il me dit : Fils de l'Homme, ces ossements, c'est toute la maison d'Israël...

Eh bien ! Prophétise et dis-leur : Ainsi parle le Seigneur D-ieu :

"Voici que J'ouvre vos tombeaux et vous en ferai remonter, ô mon peuple, pour vous ramener au pays d'Israël..."

J'insufflerai mon esprit et vous en serez vivifiés, et Je vous établirai sur votre sol,

et vous reconnaîtrez que Je suis l'Eternel, qui a parlé et qui exécute, dit l'Eternel" (Ezéchiel, XXXVII, 11-14).

L'éducation, espoir des générations

Mon père était un éducateur. Il s'efforçait de remonter le moral des prisonniers par des activités artistiques continues, comme l'organisation de concerts donnés par des artistes internés ou l'organisation de spectacles de théâtre, toutes choses qu'il considérait comme importantes bien que non essentielles. De même, nombre d'ateliers ouvrirent leur portes, et apportèrent aux prisonniers un souffle d'optimisme. Mais ce qui lui tenait le plus à coeur était l'enseignement des vraies valeurs, tant pour les adultes que pour les jeunes. "L'espérance de vie d'une nation dépend de son investissement dans l'éducation", disait-il. C'est pourquoi il considéra la rédaction d'une Haggadah de Pessah comme une valeur suprême, selon les termes du verset : "En ce jour tu expliqueras à ton fils : "C'est dans ce but que l'Eternel a agi en ma faveur, lorsque je suis sorti d'Egypte" (Exode XIII, 8) – pour nous dire que selon la sagesse du fils, son père lui enseigne".

Et c'est ce qui est mentionné dans la Haggadah :

"Béni soit l'Omniprésent, béni soit-Il ;

Béni soit Celui qui a donné la Torah à Son peuple Israël, béni soit-Il ;

Et la Torah fait référence à quatre fils..."

L'éducation a pour objet de dévoiler la nature profonde de l'enfant, et de développer ses potentialités, non son savoir ou son savoir-faire.

L'accent est mis sur la règle de base de l'éducation : l'enfant et sa nature propre, le respect de ce qui est différent et l'accès à l'autonomie de la personnalité. Cette différence se révèle sous quatre visages, et ce sont eux qui dictent les modes d'enseignement. Le roi Salomon lui-même liait l'éducation à la nature profonde de l'élève, et aux stades de son développement : "Eduque chaque jeune selon la route qui lui est propre ; même avancé en âge, il ne s'en écartera point" (Proverbes XXII, 6). Le Gaon de Vilna explique : "…selon la route… de sa nature, tu l'éduqueras et le guideras… mais si tu le forces contre sa nature, il t'obéira pour l'instant parce qu'il te craint, mais plus tard, quand il ne sera plus sous ta tutelle, il s'écartera de ce chemin… "

Il y a quatre fils dans la Haggadah, le sage, le méchant, l'innocent, et celui qui ne sait pas poser de questions. Tous les quatre participent à la vie de la nation, et à sa construction future. La Torah utilisera donc des styles différents pour adapter le message national et universel à chaque nature, ainsi qu'à son expression personnelle. L'acte éducatif ressemble en effet à l'acte agricole : du soleil à profusion, une bonne irrigation en eau, et un apport adéquat d'engrais sont les moyens nécessaires pour atteindre le but : faciliter la croissance de la jeune pousse. L'éducation a pour objectif d'aider l'enfant à développer ses forces propres, pour trouver la voie qui est sienne. Et c'est sur les parents que repose la responsabilité d'éducation, ainsi qu'il est dit : "Tu enseigneras à ton fils…"

L'homme est un être social, c'est pourquoi l'éducation peut se faire en groupe, et est alors à même de révéler cet aspect essentiel de l'individu. C'est de la sorte que l'on pourra développer chez l'enfant les qualités communes à tous. L'éducation est destinée à élever l'individu et non à lui donner un métier ou à le préparer au combat de la vie. Il est certain qu'une partie de sa personnalité est précisément ce "méridien", l'essence historique, l'âme juive qui se trouve dans chaque enfant. Dans la diaspora, cette âme est cachée, mais elle se révèle à nouveau quand nous retournons sur notre terre, quand nous revenons à notre nature, quand nous devenons à nouveau souverains dans notre patrie, parlant notre langue, apprenant les bases de notre culture et respirant l'air de notre pays.

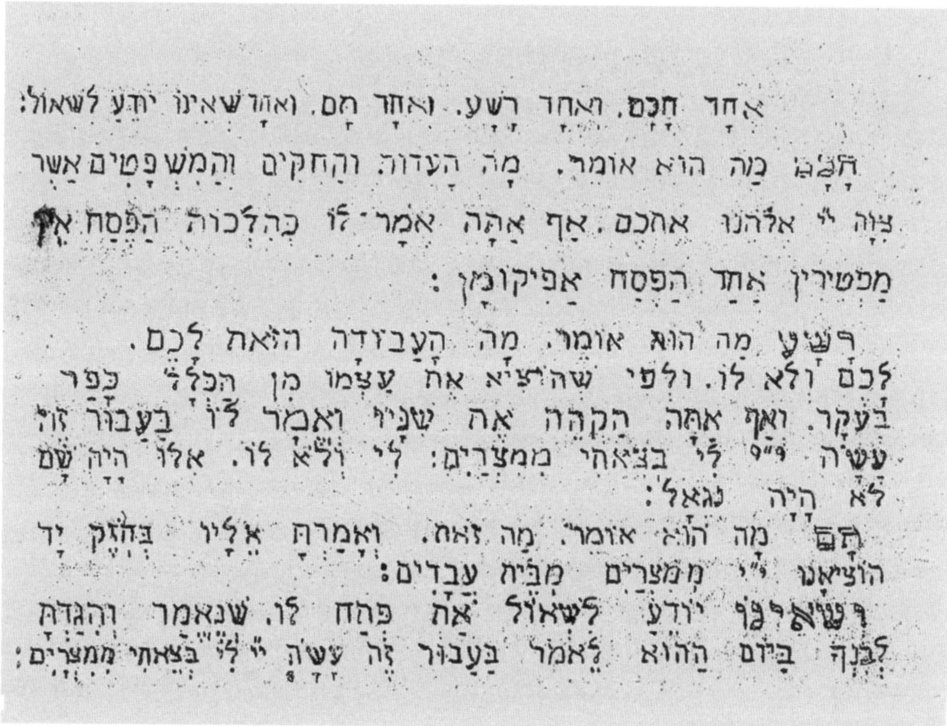

אחד חכם. ואחד רשע. ואחד תם. ואחד שאינו יודע לשאול:
חכם מה הוא אומר. מה העדות והחקים והמשפטים אשר
צוה ה' אלהינו אתכם. אף אתה אמר לו כהלכות הפסח אין
מפטירין אחר הפסח אפיקומן:
רשע מה הוא אומר. מה העבודה הזאת לכם.
לכם ולא לו. ולפי שהוציא את עצמו מן הכלל כפר
בעקר. ואף אתה הקהה את שניו ואמר לו בעבור זה
עשה ה' לי בצאתי ממצרים: לי ולא לו. אלו היה שם
לא היה נגאל:
תם מה הוא אומר. מה זאת. ואמרת אליו בחזק יד
הוציאנו ה' ממצרים מבית עבדים:
ושאינו יודע לשאול את פתח לו. שנאמר והגדת
לבנך ביום ההוא לאמר בעבור זה עשה ה' לי בצאתי ממצרים:

Le but de notre éducation doit être de faire découvrir à l'enfant la règle qui est gravée en lui : respecter D-ieu et être droit envers les hommes.

"L'un est sage, l'autre est mauvais, le troisième est simple et le quatrième ne sait pas questionner". Chacun a ses particularités propres, qui ne sont cependant pas définitives. De par son libre-arbitre, il lui sera possible, en grandissant, de les orienter dans une certaine mesure. Pourtant certains traits marquants du caractère existent bien dès la petite enfance. L'éducateur ne doit pas faire abstraction des particularités de son élève, mais au contraire les orienter. Les méthodes d'éducation se doivent d'être adaptées à l'élève mais aussi à son appartenance nationale. Il y a deux niveaux de personnalité : le particulier et le collectif. Il faut se garder d'annuler l'un au profit de l'autre. La naissance détermine nécessairement notre appartenance à une collectivité, pourtant, cette identité sera appelée à se révéler à travers une forme singulière. C'est ce que nous dit le traité Derekh Erets : "Leurs opinions sont aussi diverses que leurs visages". Cette diversité est encore accentuée par le libre choix, qui accorde à chacun le droit de tracer son chemin et de remplir son rôle comme il l'entend. De par sa création même, il est défini que le mode de vie de l'homme jouissant du libre-arbitre n'est en rien semblable à celui des autres créatures. La Haggadah exprime au mieux cette réalité, lorsqu'elle établit que la Torah fait référence à quatre types d'enfants.

Trois équations personnelles :
tendance religieuse, tendance nationale et tendance humaniste.

D-ieu n'est pas seulement un créateur transcendant ; si les créatures se perpétuent, c'est grâce à l'immanence divine. Cette présence divine qui anime chaque être exige l'amour de toutes les créatures et le devoir de les respecter, malgré leurs différences. De même, elle définit les objectifs de l'éducation et détermine les caractéristiques de la vie sociale. Il faut respecter la personnalité particulière de l'enfant et l'adapter aux réalités de la vie collective. Il faut laisser s'exprimer les différents courants de la société selon la tendance personnelle de chacun : individualiste, nationale ou universaliste. On ne saurait nier l'existence de ces trois tendances de la nature profonde de l'homme. Elles sont nécessaires au développement de la société, et y trouvent leur expression dans trois mouvements différents : le mouvement religieux, le mouvement national et le mouvement humaniste. Mais il y a plus : si l'on s'avisait de se comporter sans tenir aucun compte des règles de vie qui en découlent, on se condamnerait à une existence des plus précaire. Il est vrai que certaines spécificités du caractère peuvent entraîner l'individu à vouloir combattre pour la victoire des principes liés à telle tendance, plutôt que d'autres. C'est d'ailleurs ainsi que se créent les partis, qui sont l'expression légitime de ces mouvements. En tout état de cause, si l'un d'entre eux devait être réprimé par la société, celle-ci finirait par s'anémier jusqu'à finalement disparaître.

La nature exige de nous d'obéir à ses lois. Celles-ci nous sont immanentes dès l'instant de la conception. La difficulté, pour qui veut tenter d'harmoniser ces trois forces contraires cohabitant sous une même autorité, est dans l'aptitude à limiter l'expansion de chacune d'elle. Cela ressemble à enrayer la propagation mortelle d'un cancer dans un corps sain, donnant à chaque organe son espace vital. Dans une société civilisée où les gens ont été éduqués selon leur nature propre, et ne se permettent pas d'ignorer ces trois tendances, rien n'empêche que chaque force soit respectée et estimée.

Ce principe, qui constitue la garantie d'un agencement correct de la société, puise son influence à une source élevée, supérieure aux trois forces citées, et sans laquelle l'organisme tout entier cesserait d'exister – à savoir cette dimension de sainteté suprême appelée "Kodech", qui sera la raison d'être du *"Chalom"* de paix et d'harmonie.

Les quatre fils

Le méchant : il nie les fondements de la Foi ; en recherchant des voies de liberté, il nie sa nature nationale.

Le sage : grâce à une liberté authentique, il cherche les voies de son peuple afin de les accomplir à travers sa personnalité.

Le simple : tous les trésors de l'avenir sont enracinés dans son innocence enfantine.

Celui qui ne sait pas questionner : son amour sans limite pour la collectivité est la racine des questions du sage, du méchant et du simple.

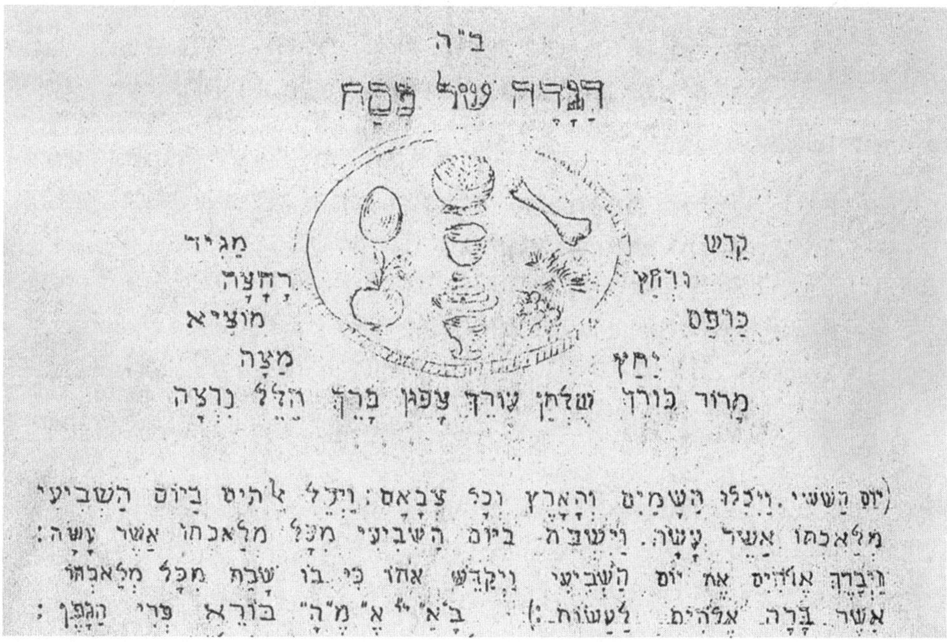

La Haggadah va, elle aussi, respecter la primauté du *"Kodech"* : l'ordre (le *seder*) dirigeant cette nuit commence par *"Kadech"* (sanctification). C'est l'introduction la plus digne pour l'éducation des quatre fils, et la réalisation de "tu raconteras à ton fils". A Gurs aussi, les Juifs se sanctifient. La sainteté appartient à un monde à part, supérieur. Pourtant, elle est aussi capable de briller, de rayonner, de réchauffer, de donner vie.

C'est le quatorzième jour du mois de Nissan, la nuit de Pessah, le soleil se couche, et peu à peu tout est embaumé, et l'air purifié. Cette nuit de Pessah 1941 est particulière, c'est aussi Chabbat. Les fils barbelés aux pointes aiguisées ne peuvent en ternir la sainteté, et même s'ils portent la mort, et même si c'est l'heure où le soleil se couche, c'est au tour du soleil intérieur d'apparaître, resplendissant de lumière...

Et mon père – comme chaque année, mais aujourd'hui à Gurs – élève son gobelet de vin et entonne la sanctification de cette nuit de Pessah : "Dans Ton amour pour nous, ô Eternel notre D-ieu, Tu nous as donné le Chabbat pour le repos et les fêtes pour la joie, les solennités et les périodes saintes pour l'allégresse : ce jour de Chabbat et cette fête des Azymes, temps de notre libération... Sois béni Eternel qui sanctifie le Chabbat, Israël et les périodes saintes". La sainteté est le fondement vital de l'organisme social, de tous ses membres et de toutes ses fractions – de tous ses fils.

Examinons maintenant les épithètes attribuées aux différents visages de notre société.

Le méchant : il nie les fondements de la Foi ; en recherchant des voies de liberté, il nie sa nature nationale.

Le **méchant** est défini par la Haggadah comme celui qui se refuse à respecter cet organisme social : "il s'est exclu lui-même de la communauté". De même nos sages révèlent l'intention de la question posée par lui :"Que signifie pour vous ce rite ? – Pour vous, et non pour lui". Il s'adresse à son père en lui posant une question qui s'avère être un défi provocateur : elle n'est pas l'expression d'un cheminement personnel ; elle reflète plutôt une attitude visant à détacher l'individu de son appartenance naturelle à la collectivité. "Pour vous, et non pour lui" – "il s'est lui-même exclu de la communauté !" Tant que l'homme respecte la perspective universelle du peuple ou de la société, il est digne de la découvrir dans sa vie privée, et d'y ajouter sa tonalité personnelle.

Rabbi Isaac Louria Ashkenazi (Ari) était le chef incontesté de l'école cabbaliste de Safed. Il enseigne, à ce propos, que l'orthographe du mot tsibour – צבור (collectivité) comporte les initiales des trois composantes de la collectivité : tsadik, bénoni, racha – צדיק, בינוני, רשע soit le juste, l'homme moyen et le méchant. Le méchant est celui qui aspire à se couper de la collectivité ; le juste au contraire a développé, à ce point, une personnalité altruiste, que n'est bon pour lui que ce qui est bon pour les autres, et qu'au contraire, ce qui fait du tort à autrui est aussitôt déprécié à ses yeux. Sa personnalité est telle qu'il apparaît à la collectivité comme son dirigeant naturel.

Selon la Torah, est *tsadik* (juste) celui qui est arrivé au degré atteint par l'ambition du sage de la Haggadah, celui qui, de par sa grande sagesse — pénétré de l'amour de D-ieu et de ses créatures – réussit à exprimer ce que les autres ont en eux. Sa personne illustre pleinement le commandement : "Tu aimeras ton prochain comme toi-même" ; car chacun est aussi l'autre. Sans annihiler sa personnalité propre, le tsadik découvre une authentique liberté, celle de l'homme qui aura su réunir en lui de nombreux modes d'existence. La sphère personnelle du *tsadik* n'est pas coupée de la collectivité, mais au contraire parvient à l'englober, et c'est en elle et par elle, que se révèle – en lui et par lui – la puissance de la collectivité. C'est à lui qu'il incombe de développer et d'épanouir sa personnalité, au point d'atteindre un renouvellement total de l'être, capable de réaliser toutes ses potentialités.

Le *Ari* ajoute cependant que le méchant lui-même n'est pas exclu de la collectivité ; bien que ce soit là son désir, il n'est pas en notre pouvoir – ni en son pouvoir – d'annuler en lui cette dimension collective, naturellement inscrite en lui, et à laquelle il se rattache du fait qu'il est homme et du fait qu'il est Juif. C'est la raison pour laquelle le mot tsibour (collectivité), s'écrit en hébreu avec un vav de coordination, pour bien montrer que le méchant, lui aussi, est donné à l'être collectif de par sa naissance même. C'est à lui de choisir s'il souhaite reconnaître et réaliser le projet collectif dont il est porteur, ou s'il préfère nier l'existence de ce "méridien", et espérer s'en débarasser. Le mot tsibour commence par la lettre tsadi (*tsadik*) et se termine par la lettre reich (*racha*), selon sa volonté d'adhésion au Projet. Entre les deux, la foule des identités intermédiaires des gens de bonne volonté (*"beinoniim"*). Malheur à la société où le méchant serait en tête ! C'est à elle que s'applique le verset "le péché est tapi à ta porte" : ce qui est tapi (*rovets*), est en ordre inverse du *tsibour*...

La Haggadah fut compilée il y a près de deux mille ans par les sages de la Michna, appelés *"Tanaïm"*. Le *Tana* a ici pris soin d'opposer "le sage" au "méchant", et non "le juste" (*tsadik*), afin que les deux mots se suivent et s'éclairent mutuellement. C'est dire qu'il peut exister un sage qui ne soit pas un juste, comme nous le verrons plus loin. Et de même, il peut y avoir un méchant qui soit un savant. Le sage veut connaître la raison de toute chose, il cherche quelles sont les lois de la vie. Le méchant, lui aussi, demande "que signifie pour vous ce rite ?" Sa méchanceté ne se situe pas dans la question. Nos sages ont insisté sur son mépris envers la collectivité, et c'est donc bien son désintérêt profond pour la tradition d'Israël qui est exprimé dans sa question.

Les lois de la vie, tout autant que les lois morales, répondent à une constante, au niveau de l'organisme singulier comme au niveau de l'organisme social : le juste est celui dont les actes sont bénéfiques pour tous, révélant son amour pour chacun et son appartenance indéfectible à l'ensemble. Ne sont naturels, sains et en adéquation avec le projet divin, que les actes exprimant la spécificité nationale de chaque peuple.

"Pour vous, et non pour lui" professé par le méchant : pour s'être mis lui-même au ban de la collectivité, il sera considéré comme renégat, retranché de tout ce qui est saint et éternel. Même s'il mène une vie religieuse, celui qui a une aversion pour son peuple ne pourra jamais prétendre être un juste. Les définitions de "religieux" ou "non religieux" n'ont aucune place dans la *Haggadah* ou dans la *halacha* (loi juive). Qui est Juif ? Celui qui est né de mère juive ! Celui qui est né pour son peuple ! C'est ce que nous enseigne l'authenticité du sage.

Le sage : son autonomie lui permettra de découvrir les voies spécifiques de son peuple, pour les réaliser à travers sa propre personnalité.

A première vue, la question du **sage** elle aussi l'exclut de la collectivité : "Quels sont les statuts, les lois, les règlements, que l'Eternel notre D-ieu, vous à ordonnés ?" Quelle est en effet la différence entre la question "que signifie pour **vous** ce rite ?" et celle de "...que l'Eternel notre D-ieu **vous** a ordonnés ?" Pourquoi seule la réponse au sage est-elle pertinente ? De la manière même dont il a posé la question "quelles sont les lois ?", il se voit répondre : "et toi, précise-lui selon les prescriptions relatives à la Pâque..."

Le méchant, quant à lui, se voit adresser une réponse cinglante : "puisqu'il s'est exclu lui-même de la communauté, il sera considéré comme un renégat... Et tu ajouteras : c'est dans cette vue que l'Eternel a agi en ma faveur, quand je suis sorti d'Egypte". A la déclaration du père : "en ma faveur", et non en la sienne, nos sages expliquent que "s'il avait été là, il n'aurait pas été délivré". La volonté de rupture par rapport au "méridien" générique et éternel se révélant dans la sainteté naturelle de la collectivité est reniement des principes les plus fondamentaux de notre foi, et contribue à obstruer toute influence bénéfique à la perpétuation de l'individu. Dès lors, celui-ci ne pourra plus rien attendre de l'avenir, même s'il observe les commandements et honore le rite. Ses actes peuvent être justes, mais il leur enlève toute valeur du fait de sa rupture avec l'humanité et avec l'histoire de son peuple. Sans passé, son présent n'a aucun avenir. Comme le dit Maïmonide, "celui qui s'éloigne des voies de la communauté, même s'il ne commet pas de fautes mais seulement se sépare de l'assemblée d'Israël... et ne prend pas part à ses soucis... comme s'il n'en faisait pas partie – n'a pas droit au monde à venir (lois sur la *Téchouva*-repentir III, 11).

Le mot "vous" dans les paroles du sage, ne signifie pas exclusion. Par sa question, le sage sait mettre en évidence son appartenance aux racines mêmes du "méridien" – lorsqu'il rappelle "l'Eternel **notre** D-ieu". De fait, sa question découle de sa position singulière vis-à-vis de celle de la collectivité tout entière ; et son éveil a pour origine la connaissance de la distance qui sépare l'individu du collectif, comparable à celle qui sépare le ciel et la terre. En vérité, sa question est la suivante : comment pourrai-je à mon tour élever ma personnalité propre, afin de parvenir à m'intégrer dans la sainteté globale. C'est pourquoi "toi, de même, tu lui diras" – dans la même orientation et le même effort pour révéler sa nature : "toi, de même", comme il en a pris l'initiative, "tu lui diras".

Telles sont les deux attitudes, diamétralement opposées, du sage et du méchant, dûes à l'exercice par l'homme de son libre-arbitre : rejoindre la collectivité ou s'en détacher. Ainsi, nous pourrons comprendre pourquoi le juste (*tsadik*) est appelé "sage", ayant trouvé le chemin du collectif – tandis que l'autre fils est appelé "méchant", et non "sot". La remarque doit, d'ailleurs, être faite au père en tant qu'éducateur, d'être toujours attentif aux sentiments particuliers de chacun de ses enfants, connaissant leurs différences individuelles.

De ce point de vue, il se doit de respecter la nature collective-historique comme la nature particulière. Chez le "méchant", ce qui est digne de respect, est bien évidemment, sa nature collective ; et même si – exprimant son libre-arbitre – il déclare s'en exclure, sa nature demeurera inchangée. Mais ce qui n'est pas moins digne de respect est sa liberté elle-même, dont le secret réside en l'image de D-ieu, immanente à l'homme. A celui fait à cette image, il incombe de ressembler à D-ieu, dans sa dimension inclusive. De même que D-ieu fait vivre chaque créature, et s'investit dans la vie de chaque animal et de chaque plante, l'homme fut créé pour que sa personnalité singulière intègre toutes les créatures. Il dépendra de son libre choix de savoir réaliser toutes les nuances de vie réunies en lui.

De fait, cette propriété devrait permettre à l'homme de dominer les lois de la nature et de les diriger selon son désir. Pourtant, la promesse "exercez votre domination sur les poissons..." est pour l'homme une arme à double tranchant. En effet, "s'il est méritant, il dominera, (de la racine hébraïque "rado") mais s'il démérite, il sera amoindri (de la racine hébraïque "yarod"). Le premier fils, le sage, incarne la justice et la droiture de celui dont la personnalité est sensible à autrui "comme à soi-même". C'est librement qu'il choisit d'appartenir à l'immanence divine des créatures, comprenant la sainteté et la profondeur de tout être. De même, le deuxième fils, le méchant, n'est pas simplement un délinquant dont le seul but serait de jouir d'une vie déréglée. De par son intelligence, il s'intéresse lui aussi aux sens des rites. Mais sa faute est de voir dans l'inné historique un barrage à sa liberté personnelle. Son ambition est de se réaliser lui-même, par lui-même, et ainsi de prendre un semblant d'indépendance. La déclaration : "que signifie ce rite... pour **vous**" l'exclut finalement de la collectivité, et en fait un renégat de la tradition d'Israël. Le père doit savoir reconnaître le désir de liberté et d'émancipation de son fils, et simultanément savoir l'orienter vers une juste vivacité d'esprit (en hébreu *"cheninout"*) tout en sanctionnant, le cas échéant, celle qui est incorrecte : "agace lui les dents" (en hébreu *"chinav"*).

Quant au fils, c'est seulement dans son univers spirituel intérieur qu'il pourra trouver les forces considérables qui lui permettront de vivre en accord avec lui-même. Ce monde intérieur représente tout son passé, l'héritage de son peuple qui apparaît à travers son équation personnelle. La définition que donne le Tana du "méchant", éclaire -par contraste- la nature même du tsadik, ainsi que l'enseigne le prophète Isaïe (60,21) : "Considéré au niveau de l'âme de son peuple, chaque Juif est un juste". La qualité fondamentale de l'âme d'Israël est l'exigence de morale et d'équité. C'est par cette vertu que le *tsadik* perpétuera dans le monde la morale dont la sainteté est la source. "Ils sont le peuple de D-ieu", (Ezéchiel 36,20) choisi pour apporter au monde sa bénédiction, par l'enseignement des valeurs de sainteté et d'intégrité. Pour que le père puisse appliquer le verset "et tu (les) inculqueras à tes fils", il lui faudra tout d'abord atténuer l'intensité provocante de la faute commise par son fils, et le ramener à son peuple et à son pays. C'est alors que pour ce fils, commencera sa propre sortie d'Egypte et sa marche vers la liberté. "Agace lui les dents et dis lui : c'est dans cette vue que l'Eternel a agi en **ma** faveur, quand **je suis** sorti d'Egypte – s'il avait été là, il n'aurait pas été délivré". Il apprendra ainsi cette sagesse de la vie, qui transmet la dimension privée de l'existence, sans porter atteinte à la dimension collective et généreuse : "Tu les inculqueras à tes enfants et tu t'en entretiendras, dans ta maison...".

Le simple : tous les trésors de l'avenir sont enracinés dans son innocence enfantine.

Le **simple** est celui qui découvre le libre arbitre donné au peuple au sortir d'Egypte. Il est au début de sa route, et l'innocence enfantine est encore apparente. L'immense trésor enfoui dans la personnalité de chacun ne lui a pas encore été révélé, et il en est encore à s'émerveiller de tout, et à demander des explications à chaque changement qu'il perçoit. "En quoi cette soirée se distingue-t-elle des autres soirées ?..."

L'homme n'est qu'élan et évolution. Ce trait de nature est illustré par la valeur numérique du mot hébreu אדם (homme), égale à celle du mot מה (quoi). Le propre de l'homme est la question, l'aspiration. Contrairement à toutes les autres créatures, parfaites et entièrement réalisées, l'homme doit continuellement se perfectionner. Sa personnalité déborde de trésors infinis, qu'il ne pourra jamais cesser de découvrir. Il ne lui incombe pas d'atteindre la perfection, pas plus qu'il ne doit désespérer de n'être pas parvenu à ce degré. Mais il sera finalement jugé à la mesure de ses efforts en direction de la perfection infinie : "à telle peine, telle récompense" (Traité des Pères V, 22).

"L'homme est né pour l'effort". C'est la seule créature qui réalise l'infinité du dévoilement du Créateur. Les autres la découvrent à travers leur finitude spécifique et définitive. Le simple, lui, est encore attaché à son innocence et à sa perfection première, au trésor divin des origines, sans tare aucune ; il n'a pas encore entamé la route des sommets.

La sagesse émerge chez le simple lorsqu'il commence à rêver des degrés de l'échelle, dont la base va vers le sol, et dont le sommet est recouvert au loin par l'infinité du ciel. "En quoi cette soirée se distingue-t-elle des autres soirées..." ? La particularité de cette révélation est qu'en cette nuit de veille, s'ouvrent devant nous les portes des rêves cachés. L'abondance de sagesse suprême, qui se révèle dans la prophétie de la Torah, pénètre les cœurs de tous les membres du peuple d'Israël : "Une simple servante vit alors ce que ne pourra voir le prophète Ezékiel, ni ses pairs". "Même les embryons dans le ventre de leur mère chantèrent sa louange". "Alors Moïse, entraînant les enfants d'Israël, chantera cet hymne à l'Eternel..." Là, apparaît l'aube de l'histoire extraordinaire du peuple d'Israël. Depuis cet "alors" et comme alors, le peuple entonne l'hymne de l'apparition de D-ieu parmi eux. Il n'est pas dit : "alors a chanté", mais "alors chantera".

C'est à ce moment que le simple demande : "qu'est-ce que cela ?" La question n'est pas claire, mais c'est une question. Si seulement le sage pouvait, lui aussi, conserver l'innocence de l'enfance et ne pas étouffer dans les réductions de sa logique, le trésor enfoui dans cette simplicité ! Le méchant s'étouffe par les voies de la connaissance détaillée, pratique et pointue, et risque d'y perdre son innocence intérieure. C'est pourquoi, les chemins qu'il emprunte, n'étant pas liés à son essence, ne sont qu'égarements. Sa question "que signifie ?..." – est une quête de lui-même, qui ne réussit pour l'heure qu'à obtenir un enfermement égocentrique. Sa sagesse ne parvient nullement à ce qui est enfoui au plus profond de lui, et il va jusqu'à renier sa propre essence. C'est parce que le sage fut fidèle à son monde intérieur, qu'il fut sauvé du danger d'étouffement de la vie. L'innocence de l'enfance est pour le sage une source intarissable, qui creuse en permanence de nouveaux lits. "En ma mémoire, se dessine ta grâce d'enfant, nos amours d'épousailles, lorsque tu me suivais de par les déserts, les terres infertiles" (Jérémie 2, 2). Comme notre mère Sarah, le sage est le gardien de l'innocence du peuple. "La vie de Sarah fut de cent ans, vingt ans et sept ans". Pourquoi décompose-t-on ainsi les années de Sarah ? Pour mieux dire sa louange : à cent ans, elle était aussi belle qu'à vingt et à vingt ans, aussi candide qu'à sept.

Celui qui ne sait pas questionner : de même que chez le sage, le méchant et le simple – l'amour inconditionnel pour la collectivité est à la source de tout questionnement.

Avec **celui qui ne sait pas questionner**, on arrive à la source même du "méridien", au silence source du Verbe, origine de tout questionnement. Dans ces profondeurs initiales, le sage lui-même n'est pas en mesure de poser des questions. Nous nous trouvons en face d'une personne entièrement dévouée à des idéaux généraux, mais qui ne sait pas encore les appliquer dans sa vie personnelle. Ses racines sont aux profondeurs de l'histoire, il se nourrit de son passé. Son appartenance nationale est l'impulsion majeure de sa personnalité, dévouée à son peuple et à sa défense. Dans son individualité propre, celui qui ne sait pas questionner rejoint un point fondamental de l'enfance du simple, de même qu'il appartient à la tendance orientant toute la vie du sage.

Cette essence céleste, initialité suprême, autorise le seul silence, dont l'écho est la voix muette. C'est de là que surgissent les intuitions et les rêves des plus grands visionnaires. "Cantiques des degrés ; quand l'Eternel ramena les captifs de Sion, nous étions comme des gens qui rêvent". Durant toute la période de léthargie exilique, la nation rêve de sa rédemption. Et le jour venu, elle se lève, comme un somnambule, guidée par la seule force de sa vision intérieure, qui la conduira jusqu'à sa terre. Son âme, en partie sortie de sa torpeur, fera entendre des profondeurs le cri d'appel à tous les exilés de son peuple, les invitant à revenir chez eux. Les fils reviennent dans leur pays, une voix puissante les remplit de forces qu'ils ne se connaissaient pas. L'étonnement est si grand que les fils eux-mêmes ne peuvent ni expliquer ni même poser de questions. Mais l'allégresse accompagnant le retour comble toute leur existence. Les fils se tournent vers la nation, vers la nature d'Israël et sa souveraineté, afin de comprendre la signification de leur indépendance, et ils implorent : "Toi, ouvre-nous" l'accès à la compréhension du sens de cette mission, et permets-nous d'être à la hauteur de ce grand moment. A l'heure où un feu intérieur éclaire à nouveau la nation, il s'avère qu'il n'y a aucune différence entre le sage, le méchant et le simple, chacun sachant bien qu'il ne sait rien, pas même poser des questions. Et le ciel, source de tout, s'ouvre à tous.

L'âne du Messie :
Parabole sur la manifestation chez les quatre fils de la sainteté nationale de l'âme d'Israël – qui est antérieure aux commandements et qui en constitue la souche.

Mon père s'est enfui et a rejoint le maquis et ceux qui luttent contre les Allemands, un individu parmi d'autres combattant les nazis. Il a fui le camp, a retrouvé sa famille, et s'est enfui avec elle dans les profondeurs de la forêt au sud de la Belgique.

L'enseignement de mon père continue ; mais comme une âme dépourvue de son corps, le corps de la nation : sans terre et sans langue. Les fils sont ceux qui construisent le pays, leur heure n'est pas encore arrivée. Des fils, on exige selon leur nature, qu'ils soient fidèles à leur pays et qu'ils l'habitent ; et aussi qu'ils ne se séparent pas de la collectivité, ce qui est au fondement de la foi d'Israël. Tel n'était pas le cas des pères dont les actes individuels et le lien à la nation relèvent de l'extraordinaire, et rejoint le "méridien" de l'histoire juive.

Mon père nous a raconté de nombreuses histoires au fond de la forêt. L'une d'elle portait sur le faux nom qu'avait pris la famille, notamment afin de se procurer des tickets de ravitaillement. Il avait changé notre nom en Martin, mot qui dans cette région désigne un âne. L'histoire de notre faux nom de famille ressemble à une autre histoire, qui est celle de nombreux garçons pendant la guerre. Ce sont des souvenirs du temps où nous étions sur les rives du canal de Suez, pendant les longs mois de mobilisation de la guerre de Kippour. Dans l'assoupissement du camp surgissaient des conversations qui circulaient dans l'espace tranquille. Et l'un des soldats s'enquiert : "Vois-tu venir le Messie ?" ; et l'autre : "Mais oui, je distingue déjà son âne!... Son âne, n'est-ce pas nous ?!"

En effet, le prophète Zacharie prophétise (Zacharie, IX, 9) : "Réjouis-toi fort, fille de Sion, jubile, fille de Jérusalem ! Voici que ton roi vient à toi juste et victorieux, humble, monté sur un âne, sur le petit de l'ânesse". Telle est la parabole de cette bête impure, d'après ses deux caractéristiques : elle ne rumine pas et n'a pas le sabot fendu ; or, c'est justement cet animal que montera le Messie. Et ce dernier saura faire apparaître l'âme du peuple revenant au pays, vers le corps de la nation, et sa souveraineté.

La méchanceté du méchant – le reniement des fondements de la Foi – est dans sa rupture avec le peuple et sa sainteté ; dès lors, même s'il applique les commandements (*mitsvot*), affirme Maïmonide, il se verra exclu du monde futur. Les mitsvot n'ont aucune signification si elles ne sont pas l'expression de la sainteté du peuple. Le peuple doit être souverain dans son pays, conscient de sa valeur, et progressant dans toutes les dimensions de la vie nationale ; alors l'observation des commandements sera le révélateur de sa vigueur. C'est pourquoi, on ne peut parler de la sainteté des commandements de la Torah, sans la faire précéder d'une identification à son peuple. Comme l'a dit Hillel (Chabbat 31, a), toutes les mitsvot ne sont que le commentaire du verset : "Tu aimeras ton prochain comme toi-même" ou, selon la formule de Rabbi Akiba : "C'est un principe très fécond de la Thora" – ce qui veut dire que la Torah toute entière est condensée dans cette phrase.

Le créateur des mondes en est aussi leur roi, et ses édits en constituent le code moral, qui trace les chemins de la vie. Sa souveraineté apparaît par le biais du royaume d'Israël renaissant, qui s'achèvera par la venue du Messie. Mais la souveraineté nationale d'Israël – trône de l'immanence – est nécessairement antérieure aux commandements. (Voir Sifri, cité par Rachi : Deut. 11, 18 et Ramban : Lévitique 18, 25). Elle apparaîtra avec le retour de la nation sur sa terre, telle que l'a décrite le prophète Ezéchiel (Chapitre XXXVII) dans la vision des ossements desséchés. L'antériorité du peuple par rapport aux commandements ne se situe pas dans le temps, mais dans l'essence. Il ne peut y avoir de sainteté individuelle, sauf pour les hommes capables de réaliser dans leur existence les valeurs dont est sanctifiée l'âme de la nation. L'on doit toujours se souvenir que les "parallèles" – qui se dévoilent à travers des myriades de Juifs individuels – ne sont en réalité que la prolongation du "méridien" et son accomplissement. Le judaïsme n'est pas une religion, mais l'expression de la nature profonde du peuple. Tout est fonction de la densité d'amour que l'on porte à ses membres.

Comme l'exprime l'allégorie, le Messie viendra, monté sur un âne. Ce qui signifie que la souveraineté de la nation dans son pays se réalisera même si la conduite de ses citoyens est indigne, et si leurs actes ne témoignent pas de la sainteté de leur âme.

L'amour des citoyens pour leur peuple est le premier pas vers la chevauchée du Messie. Cet amour provoquera les questions du "sage", après la période de "celui qui ne sait pas questionner" et du "simple". Et que le sage n'ait pas la prétention de croire qu'il est à l'origine de toute la démarche. Le silence de la voix intérieure ne connaît pas de question, mais sa rumeur éclate des tréfonds de l'âme de la nation et fait revivre ses fils. Tout ne s'est pas encore réalisé, on en est encore au stade des infrastructures matérielles – comme la matérialité (*h'omer*) symbolisée par l'âne (*h'amor*) du Messie – mais c'est pourtant de là que jaillit l'eau pure désaltérant l'innocence de l'enfant. Cette plénitude éclatera et se transformera en fleuves de sagesse et en rivières de pureté irriguant le pays. Cette nature nationale s'est imposée au peuple dès sa naissance, au pied du Mont Sinaï, comme pour "celui qui ne sait pas questionner", mais l'accomplissement dépend du libre arbitre des fils. L'éternité du "méridien", dévoilée par la survie miraculeuse des pères, sera l'apanage des fils. Sa concrétisation dans leur vie personnelle dépend, à chaque génération, du choix des individus selon la typologie des "quatre fils dont parle la Thora" ; et jusqu'à ce que leur choix se porte sur elle, la sainteté intérieure demeurera en latence.

On ne pourra jamais changer l'âne que monte le Messie. Il symbolise le renouveau de l'amour, qui fait vibrer le cœur de chaque soldat pour son peuple. Cette renaissance est déjà par elle-même un premier pas vers le rétablissement de la loi et des commandements. C'est ainsi que le peuple prend conscience de sa valeur, alors même qu'il n'a pas encore pris son rôle ni sa place parmi les nations, alors même que son identité particulière ne s'est pas encore révélée dans les actes. C'est ainsi que l'âme des pères s'incarne dans l'organisme de cette nation, convalescent de deux mille ans d'exil et de dispersion. Cet organisme est le seul dépositaire de la sainteté, ce n'est que par lui qu'apparaîtra la souveraineté d'Israël, et ce n'est que sur la base de cette indépendance que l'on peut réaliser la sainteté des commandements (Ketoubot 110, b). Aucune présence divine effective n'est possible si le peuple n'est pas souverain, si la nation ne s'est pas reconstituée en organisme où peut résider l'âme d'Israël. "Il m'a relégué dans les ténébres, comme mort à tout jamais" (Lamentations 3, 6) est commenté par Rabbi Yirmiaou sur l'exil (Sanhedrin 24, a).

Les pionniers d'il y a cent ans et les soldats de Tsahal de notre époque se donnent avec un amour sans limite à la sainteté de leur peuple. Là est le fondement de sa pérennité, et sans elle, la nation est condamnée à l'exil et à la perte de tout élan vital. Telle est la sainteté de l'âne, que la Torah nous a enjoint de racheter : "le premier-né de l'âne, tu le rachèteras par un agneau" (Exode 34, 20). Grâce à cette sainteté – tout intérieure – nous pourrons perpétuer la puissance d'éternité, et triompher de tous les obstacles, en la réalisant dans notre vie quotidienne.

Le renouveau de la prophétie : L'ancien sera renouvelé, et le nouveau sanctifié – quand le coeur des pères touchera à nouveau les fils et réciproquement. Ceci, de par l'inspiration divine suprême, poussant la nation à revenir sur sa terre.

Le caractère duel de la sainteté apparaît au début de la Haggadah. *"Kadech"* est la *mitsva* de sanctification du jour par l'homme : "Souviens-toi du jour du Chabbat pour le sanctifier". Mais d'autre part, Chabbat et Yom Tov (jour de fête) ne sont-ils pas sanctifiés dès le coucher du soleil par la nature divine... ?

La sainteté collective n'annule en rien le libre arbitre personnel de l'individu. Elle lui permet d'ajouter sa marque à la collectivité. Le premier *"Kadech"* qui représente le "méridien" de l'histoire du peuple d'Israël, est l'aspect imposé, inné et éternel, comme l'est l'entrée du Chabbat chaque vendredi soir. Il ne peut s'accomplir que par le biais du "parallèle" des fils et du *"Kadech"* qui leur est propre. La raison en est que le premier *"Kadech"* n'est pas le résultat d'un choix, il est absolu et déterminé, et ne permet pas un surplus de dévoilement à sa source divine infinie. C'est pourquoi, les fils devront faire usage de leur capacité de renouvellement de la transmission des pères. "Là, le fils questionne". Le père est concerné par les questions du fils et l'incite à les poser, la nuit du Séder, par des changements éveillant sa curiosité. Ces questions montrent une réalité dépassant l'âme et la sainteté naturelle du père, comme le dit le Rav Kook : "L'ancien sera renouvelé, et le nouveau sanctifié" : Les pères sanctifieront leurs fils par l'âme historique du peuple, et les fils renouvelleront l'apparition de la source infinie qui transcende la sainteté des pères. Tout coule de source et tout est amplifié par une révélation continue dont émane le bonheur et la joie.

Il y a deux sortes de sainteté, différentes l'une de l'autre : l'héroïsme des pères, apparu en exil, et celui des fils, qui se révèle à l'époque de la Délivrance. Une mission spirituelle imposante et nécessaire incombera dans un premier temps au prophète Elie. A lui de ramener d'abord "le coeur des pères à leurs enfants", et seulement ensuite "le coeur des enfants à leur père". Le lien entre père et fils, entre l'héritage historique et le devenir, entre la nation et chacun de ses membres, approfondit ses racines dans le terreau de leur existence.

La vigueur première des pères s'accomplit dans leur descendance. Grâce à elle, les racines se fortifient par l'épanouissement des fils. Les pères doivent revenir vers leurs fils, la force enfouie chez le père se transcendera dans la liberté des fils. Pourtant, enfermés dans leur propre univers, les fils ne parviendront pas à éprouver ce à quoi ils aspirent. Seule une démarche transcendante pourra renouveler en eux les expériences personnelles heureuses. Et le monde entier donnera ses fruits, étape ultime de la sève montant des racines issues des pères. Dès lors, les fils vont s'épanouir et fructifier pour l'éternité. Ni drogue ni alcool – c'est la révélation d'une dimension intérieure divine, qui comblera les fils par la découverte d'intuitions pleines de vitalité et d'idéaux.

Le nationalisme d'Israël est un universalisme, de même que le cœur appartient à tous les organes du corps humain.

Le *"Kadech"* qui ouvre la Haggadah fait allusion à la sainteté des fils venue s'ajouter à celle des pères. De fait, c'est l'humanité entière qui a sa part dans le récit que le père raconte à son fils. Le sommet du fameux "méridien" touche les hauteurs célestes, jouxte le Roi de l'Univers et de toutes les nations.

La Haggadah de mon père, se réfère de façon toute particulière au passage : "Répands ta colère sur les peuples qui ne te connaissent point, et sur les empires qui n'invoquent pas ton nom" (Psaumes LXXIX, 6) que l'on dit avant de réciter les cantiques du *Hallel* commençant par : "Ce n'est pas pour nous, Eternel, pas pour nous, mais pour faire honneur à Ton Nom...". On a souvent posé la question de savoir si le fait que mon père n'ait pas gravé le texte entier, mais s'est contenté de l'évoquer par le premier mot "répands", a une signification. Faut-il imputer cela à la pénurie de papier, aux conditions du camp d'internement, qui firent qu'il abrégea également le texte du *Birkat hamazon* (le texte des bénédictions après le repas) , le Hallel etc... ou bien y a-t-il une autre raison ?

En vérité, mon père attachait une importance particulière à ce passage. Il disait souvent qu'il fallait anéantir tous les nazis, bien qu'il fût dénué de toute haine, et qu'il refusait catégoriquement de s'abaisser à leur niveau. Mais si le seul moyen de rendre au monde la morale et les valeurs de la Foi, est de faire disparaître les nazis, il n'y a pas d'autre choix. Cependant, ce sera par amour des idéaux et des valeurs morales. Il tenait à préciser l'intention des paroles du roi David : "Répands Ta colère sur les peuples qui ne Te connaissent point" – ceux-là même qui ne Te connaissent point, et "sur les empires qui n'invoquent pas Ton Nom", ceux qui ne l'invoquent pas. Et ensuite : "Ce n'est pas pour nous, Eternel, pas pour nous, mais pour faire honneur à Ton Nom...".

L'Europe chrétienne a permis ces massacres, d'une cruauté épouvantable et froidement programmés. "Allons, rayons-les du nombre des nations ; que le nom d'Israël ne soit plus mentionné" (Psaumes, LXXXIII, 5). Les fondements de cette culture ont engendré un monstre qui s'est étendu sur toute l'Europe, hormis ces Justes des Nations, individus à qui la droiture morale a montré le chemin. Aujourd'hui, au lendemain de la Shoah, le peuple d'Israël ne s'abaisse pas à mépriser les nations – elles sont seules concernées par la justice qui leur sera rendue, face au Juge Suprême – mais celles-ci devraient avoir du mépris pour le niveau de bassesse auquel cette perte de conscience a pu aboutir. Le peuple d'Israël, de son côté, est en marche vers sa résurrection.

Ma belle-mère nous raconte toujours que pendant toutes ces années de souffrances à Auschwitz-Birkenau, une seule pensée l'a soutenue. Ce qui lui insufflait de l'espoir était la certitude que sa petite fille l'attendait. Et en effet, l'enfant était cachée. Elles se sont retrouvées. Elles sont montées au pays, et participent à sa construction.

La foi en l'unité du Créateur existant chez toutes ses créatures, amènera l'amour et le respect de la différence de l'autre, et fera jaillir l'aspiration à l'unité des créatures par leur réconciliation réciproque, annonciatrice de la paix éternelle.

C'est ainsi que mon père voulait raconter la Haggadah de son peuple, pour expliquer le retentissement de la vie des fils dans la réalité, et non par la petitesse de la haine. Même les paroles : "répands Ta colère sur les peuples" émanent de l'amour pour l'étincelle divine qui anime toute créature. C'est un enseignement moral offert à l'humanité, c'est la victoire de la lutte pour la paix.

La paix est la base d'une structure pyramidale. Au sommet, se trouve l'unité cosmique, source de toute existence. "Tu donnes la vie à tous les êtres" (Néhémie IX, 6). L'unité du Créateur est le moteur de la paix dans le monde des créatures, et aussi la condition de sa perpétuation. Cette unité s'étend ensuite au corps de la pyramide, que représentent les créatures innombrables.

L'élan vital d'origine divine, et de puissance infinie, se révèle dans chaque être créé, depuis le plus petit des reptiles jusqu'aux séraphins des mondes

supérieurs. La foi en l'Unité, qui anime les créatures dans leur diversité même, est la source du respect à autrui. Les lois morales, tendant à instaurer une vie idéaliste, ont leur origine dans cette bienveillance exprimée dans le verset : "Tu donnes la vie à tous les êtres".

"Vois, j'ai placé devant toi aujourd'hui la vie et le bien, la mort et le mal... Choisis la vie ! et tu vivras alors, toi et ta postérité" (Deutéronome, XXX, 15 et 19). Faire le bien signifie accroître la vie, développer la vie d'autrui. C'est en quoi se dévoile la volonté du créateur de l'univers. Chaque homme a le devoir naturel et agréable de découvrir la vie idéale. Après avoir déterminé que la raison d'être de toute créature est l'accomplissement du projet du créateur, nous assisterons au réveil de l'aspiration profonde à son dévoilement. Cela se fera à travers toutes les équations personnelles qui, dans le monde de la multiplicité qui est le nôtre, sont destinées à s'harmoniser pleinement.

De même, les nations sont appelées à se compléter dans l'harmonie, sans pour autant devoir effacer leur génie propre. C'est précisément lorsqu'elles savent préserver leurs différences qu'elles contribuent à la complémentarité réciproque : ainsi se construit la paix, "Chalom" – dont la racine hébraïque a aussi pour sens "complémentarité harmonieuse".

La paix n'est en aucun cas un renoncement à la vérité et aux idéaux. Ce n'est ni un abandon des valeurs, ni une confusion des particularités nationales ou individuelles. La paix est dans la complémentarité des composantes, dans l'organisation en une seule unité de tous les membres du corps universel et social. Dans ce contexte, chaque organe responsable de sa propre tâche, s'abreuve à cette source transcendante, commune à tous. Cette source jaillit avec d'autant plus d'énergie, que toutes les forces y participent. La croyance en une unité transcendante est la garantie de l'unité immanente et de la paix éternelle.

"Que l'Eternel donne la force à Son peuple ! Que l'Eternel bénisse Son peuple par la paix" (Psaumes XXIX, 11).

"Il l'appela Eternel – Chalom" (Juges VI, 24).

"Qu'ils sont plaisants, sur les montagnes, les pieds du messager qui annonce la paix, du messager de bonnes nouvelles qui annonce la délivrance, qui dit à Sion : ton D-ieu est roi !" (Isaïe LII, 7).

"Réjouis-toi fort, fille de Sion, jubile, fille de Jérusalem ! Voici que ton Roi vient à toi juste et victorieux, humble, monté sur un âne, sur le petit de l'ânesse.

Plus de chars en Ephraïm, plus de chevaux à Jérusalem, plus d'arc de guerre ! Il dictera la paix aux nations. Son emprise s'étendra d'une mer à l'autre et du fleuve aux extrémités de la terre" (Zacharie IX, 9-10).

Tirza Oren

Enquête sur la Haggadah de Gurs

"Les manifestations religieuses, au camp, étaient tout à fait authentiques. Les nouveaux venus étaient souvent frappés par l'intensité de la foi des prisonniers. Ils s'étonnaient d'entendre réciter des prières ou de voir célébrer des offices dans le coin d'une baraque, ou dans l'obscurité d'un camion à bestiaux qui ramenait les hommes en haillons au camp, des hommes gelés, affamés et épuisés après une longue journée de travail".

Victor Frenkel

Au cours des ans s'est accumulée à Yad Vashem une documentation sur la vie religieuse et sur les tentatives de préserver la tradition juive et les fêtes pendant les années 1933-1945. Cette documentation comprend des objets, des documents et des témoignages oraux. La Haggadah de Pessah écrite avant Pessah 1941 au camp de Gurs en France, en est un exemple.

Je découvris cette Haggadah aux archives de Yad Vashem en procédant à une enquête pour le nouveau musée historique. Dans l'un des cartons d'archives, il y avait cinq feuillets sur lesquels la Haggadah de Pessah était écrite recto-verso. Le texte était écrit à la main, en caractères hébraïques carrés. A ces pages, était joint un feuillet séparé, sur lequel était imprimé à la machine à écrire, en lettres latines, quelques chants liturgiques de la Haggadah. Au bas de cette page, après les chants, il y avait une ligne en français : "Edité par le Rabbinat, Rabbin LEO ANSBACHER, *GURS* (France) *NISSAN 5701*".

Un simple coup d'œil suffit pour voir que la Haggadah n'était pas complète. Dans ce cas, où étaient les parties manquantes ? Etaient-elles perdues ?

Un examen des listes d'archives montra que cette Haggadah avait été déposée à Yad Vashem dans les années cinquante. Toute recherche comporte un élément "d'investigation de détective", et ceci est également vrai dans le cas du musée historique de Yad Vashem. Le sujet exige que ce genre de travail soit fait avec attention et sensibilité. C'est ce qui se passa pour la Haggadah de Gurs. L'enquête et les prospections m'ont conduite chez Monsieur Mordehai

Ansbacher, le premier directeur du musée de Yad Vashem. Il m'adressa au Rabbin Yéhouda Leo Ansbacher qui avait été interné au camp de Gurs et y avait servi comme rabbin. Après son immigration en Israël, le rabbin Ansbacher avait été pendant des années rabbin de la communauté "Ihoud chivat zion" à Tel Aviv. Il mourut en été 1998. Au cours de la cérémonie de commémoration en son honneur, on rappela entre autres que tout cérémonial lui était parfaitement étranger et qu'il avait la faculté de lier des liens avec les membres de sa communauté, et je me suis rappelé la gentillesse avec laquelle il m'avait reçue deux ans plus tôt. Au cours de cette rencontre, il me raconta la vie à Francfort avant l'arrivée des nazis, comment il avait quitté l'Allemagne pour la Belgique en 1933, son arrestation en Belgique et son expulsion en France en mai 1940, son immigration en Israël via l'Espagne et surtout son internement à Gurs. Les témoignages oraux et écrits du rabbin Ansbacher sont conservés aux archives de Yad Vashem.

A mon rendez-vous avec le rabbin Ansbacher, j'avais apporté des photocopies de la Haggadah. Il les a regardées et dit qu'il n'y avait pas de feuilles perdues ni manquantes, mais que la Haggadah écrite à Gurs n'avait pas été achevée. Cette Haggadah avait été transcrite à la main par Arié Ludwig Zuckerman pendant de longs mois et dans des conditions difficiles. Comme Pessah approchait et que la Haggadah n'était toujours pas terminée, on décida d'imprimer les chansons et les chants liturgiques à la machine et comme il n'y avait pas de machine à écrire avec des caractères hébraïques, on décida de les imprimer en lettres latines. Pessah vint et on n'eut pas le temps d'imprimer tous les chants, c'est pourquoi il en manque certains. En fin de compte, pour ceux qui ne savaient pas lire l'hébreu, le fait que le texte soit imprimé en lettres latines présentait un avantage. Le rabbin Ansbacher dit que sans doute Arié Zuckerman n'avait pas de modèle de Haggadah sur lequel copier et il écrivit cette Haggadah de mémoire. Arié Zuckerman est mort en Belgique en 1958 et le rabbin Ansbacher me proposa de m'adresser à son fils, le rabbin A. Yéhochoua Zuckerman.

Le rabbin Ansbacher ajouta encore d'autres détails sur ce Pessah à Gurs. Pour le dernier jour de la fête, les prisonniers avaient eu la permission de préparer un rassemblement sur un terrain en dehors du camp et, là, ils tinrent un office pour tous les internés. C'était une des rares fois où ils eurent la permission d'avoir un lieu de prière pour une grande assemblée. Le rabbin lui-même fit l'office en plein

air et, au moment de la prière de "Yizkor"[1], il prononça un discours. Le rabbin Ansbacher se souvint qu'après la fête, un des peintres internés au camp représenta cet événement. Le dessin a été sauvé et fut confié à Yad Vashem par le Docteur Pinhas Zigmund Rothschild, qui confia également aux archives de l'institution de nombreux documents sur Gurs. Il s'agit d'une aquarelle, peinture à l'eau sur papier, où l'on voit un homme (le rabbin Ansbacher) debout sur une estrade, faisant un discours. Autour de lui, une grande foule est rassemblée. A droite du tableau se trouve la signature du peintre, Fritz Schleifer, et au-dessous à droite, en hébreu, le mot מזכיר[2]. Au centre, était écrit en allemand : "dédié au vénéré rabbin du camp, Monsieur Leo Ansbacher" et à gauche était inscrit : "CAMP de GURS, PESSACH 1941, ILOT D".

Le rabbin René Samuel Kapel parle dans son livre, *"Le combat juif en France occupée"*, de la vie religieuse et de ce que fit le rabbin Léo Ansbacher au camp de Gurs. Le rabbin Kapel fut mobilisé comme aumônier militaire dans l'armée française dès que la guerre éclata. Quand il fut démobilisé, il fut nommé rabbin auxiliaire des camps d'internement du sud-ouest de la France. Le rabbin Kapel est un protagoniste essentiel qui œuvra pour conserver à Gurs une vie décente. Il écrit entre autres :

"Je me rendis à nouveau à Gurs au début du mois de janvier 1941. Je proposai alors à Léo Ansbacher et à ses collaborateurs de fonder un Comité d'Assistance qu'ils administreraient eux-mêmes et qui centraliserait toutes les activités sociales, religieuses et culturelles du camp. Ils acceptèrent ma proposition et c'est ainsi que naquit le Comité Central d'Assistance – ou C.C.A - qui accomplit une œuvre remarquable grâce aux efforts inlassables du rabbin Léo Ansbacher, de son frère Max, de Ludwig Zuckerman, du docteur Rothschild."

Réussir à polycopier la Haggadah pour les internés du camp était déjà un exploit en soi. Telle qu'elle se présente et selon tous les témoignages, il semble que Arié Zuckerman écrivit la Haggadah sur des stencils[3]. Le rabbin Ansbacher me conseilla de consulter l'exemplaire de la Haggadah de Gurs qui se trouve à la Bibliothèque Nationale de l'Université Hébraïque et le livre de Abraham Yaari, "Bibliographie de la Haggadah de Pâques depuis les débuts de l'imprimerie jusqu'à nos jours" (en hébreu), paru en 1960, au chapitre: "La Haggadah pendant et après la Shoah" où Yaari écrit :

"Dans le Sud de la France, sous le régime de Vichy, deux Haggadot ont été imprimées en 1941, dans des conditions très difficiles, l'une pour les nombreux réfugiés juifs qui avaient fui le Nord de la France occupé par les Allemands et se concentraient à Nice et l'autre pour les internés du camp de concentration de Gurs... A Gurs, le rabbin Léo Ansbacher, lui-même interné, avait agencé certaines parties de la Haggadah (il habite aujourd'hui en Israël). Les chants qui terminent la Haggadah (...) furent copiés dans leur transcription et tapés en lettres latines à la machine, certainement pour que ceux qui ne savaient pas lire l'hébreu puissent aussi les chanter..."

Yaari décrit ainsi la Haggadah de Gurs : "Le texte est écrit en lettres hébraïques carrées, il est ponctué et polycopié au stencil. La dernière page avec les chants de "Ki lo naé... ", "Ehad mi yodéa" et "Had gadya" est tapé à la machine en lettres latines..."

En 1997 parut (en hébreu) le livre de Isaac Yudiov, *"Trésor de la Haggadah – bibliographie de la Haggadah de Pessah, des débuts de l'imprimerie jusqu'en 1960"*. Yudiov suit l'exemple de Yaari et inclut dans son livre une description de la Haggadah de Gurs : "Elle fut imprimée sans page de garde, ronéotypée à partir du manuscrit. La dernière page comprend les chants "Ki lo naé... ", "Ehad mi yodéa" et "Had Gadia" tapés à la machine en lettres latines. Cette Haggadah fut spécialement écrite pour les internés du camp".

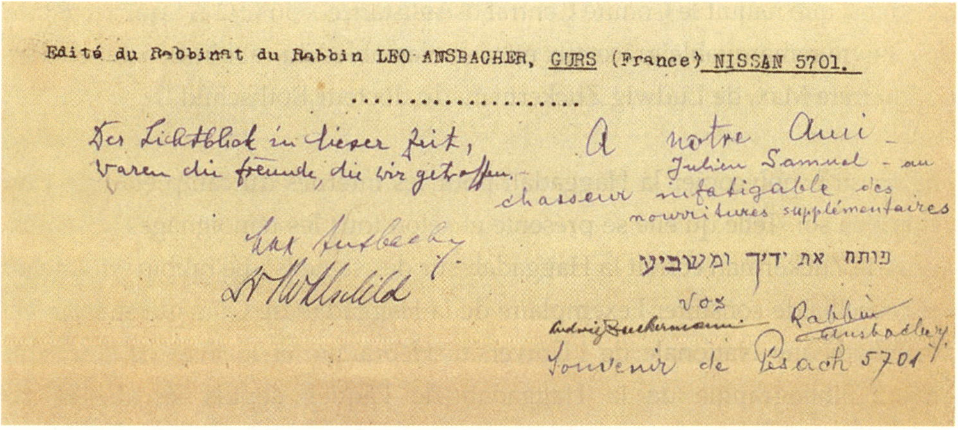
Edité du Rabbinat du Rabbin LEO ANSBACHER, GURS (France) NISSAN 5701.

Der Lichtblick in dieser Zeit,
waren die Freunde, die wir getroffen.

A notre Ami
Julien Samuel - au
chasseur infatigable des
nourritures supplémentaires

פותח את ידך ומשביע

vos

Rabbin Ansbacher

Souvenir de Pesach 5701

Le rabbin Kapel lui aussi, décrit la fête de Pessah à Gurs et raconte comment fut imprimée la Haggadah :

"Pour les fêtes de Pâques 1941 (...) je fis polycopier à Toulouse, en plusieurs milliers d'exemplaires, "la Haggadah", le récit de la sortie d'Egypte, que Ludwig Zuckerman prit soin de ronéotyper, ce qui donna la possibilité à ceux qui participèrent au "Séder" d'exprimer leur confiance en Dieu, en chantant sur un air traditionnel, le "Ehad mi yodéa" ("Moi je sais ce que désigne Un : Un, c'est notre Dieu qui règne dans le ciel et sur la terre"), et le "Had gadya" ("Mon père a acheté un agneau pour deux zouzim, pour deux écus, had gadya, had gadya"). Pour me témoigner sa reconnaissance, le C.C.A. m'offrit un exemplaire de cette Haggadah que je garde précieusement dans ma bibliothèque à Jérusalem, et dans laquelle figure, en dernière page, une gouache aux couleurs délicates et fort bien conservées ; elle représente le rabbin Léo Ansbacher prononçant un discours, lors de la cérémonie à la mémoire des morts, du haut d'un podium autour duquel se tient une foule recueillie. A l'horizon, se profilent les montagnes enneigées des Pyrénées. La première page porte la dédicace : *Dieu nous délivrera. A l'ami de nous tous. Camp de Gurs, Pessah 1941."*

En voyant cette Haggadah et les dessins que fit Fritz Schleifer, il est difficile de se représenter dans quelles conditions ils furent créés. Yosef Hayim Yérushalmi dans son livre "Haggadah et Histoire" publie des fac-similés de deux pages de cette Haggadah. Il écrit : "Sur la dernière page apparaît un résine de Colophon d'une ligne avec quelques détails... Rien ne vient rappeler les circonstances tragiques dans lesquelles fut écrite cette Haggadah".

En comparant l'exemplaire de la Haggadah qui se trouve aux archives de Yad Vashem avec d'autres exemplaires que nous avons pu voir, il s'avère que tous ces exemplaires sont identiques (y compris les exemplaires spéciaux décrits plus loin). Il s'agit de cinq pages écrites en hébreu et d'une page supplémentaire où sont retranscrits quelques chants du Séder, en lettres latines. La Haggadah n'est pas complète et le même défaut apparaît dans tous les exemplaires : la deuxième page commence par les mots "ביד חזקה"[4] qui auraient dû figurer après : אני ה' אני הוא ולא אחר, c'est-à-dire en page 6. Et en effet, le chiffre 6 est écrit au crayon sur cette page dans quelques exemplaires.

Monsieur Méir Hovav évoque la Haggadah de Gurs dans le quotidien *"Hatsofé"*. A propos de cette faute il écrit : "Cette Haggadah fut sans doute écrite sur des feuillets de papier paraffiné qui furent sortis du camp pour être polycopiés à l'extérieur. C'est pourquoi la deuxième page de la Haggadah commence par : "ביד חזקה" qui aurait dû figurer en sixième page. A part cette faute, les autres pages furent imprimées dans l'ordre". Cette explication sur l'erreur de la Haggadah est sans aucun doute exacte.

Pour éclairer les circonstances de la rédaction de la Haggadah de Gurs, nous avons rencontré le Docteur Pinhas Rothschild, Max Ansbacher et son fils Chimon ainsi que le rabbin A. Yéhochoua Zuckerman, fils de feu Arié Zuckerman qui écrivit cette Haggadah.

Le Docteur Pinhas Rotschild, tout comme le rabbin Ansbacher, émigra d'Allemagne en Belgique, fut arrêté en Belgique en mai 1940 et expulsé en France. Il était actif au sein du Comité Central d'Assistance à Gurs et était responsable de l'assistance sociale pour les internés. A la question : ont-ils chanté les chants, il répondit : "oui, nous ne pleurions pas tout le temps". Il ajouta qu'il se peut que la Haggadah fut écrite de façon succincte parce qu'il y avait pénurie de papier. Quant à la prière décrite dans le dessin de Fritz Schleifer, il souligna que ce fut là un événement particulier et extraordinaire puisque tous ceux qui le voulaient, purent participer à cette prière. A propos du dessin, il dit que le peintre ajouta bien sûr des couleurs qui n'existaient pas dans la réalité. Il dit textuellement : "Gurs n'était pas un jardin de roses". Le Docteur Rothschild possède un exemplaire de la Haggadah de Gurs à la dernière page duquel est inscrite une dédicace du rabbin Ansbacher et de celui qui écrivit cette Haggadah, Arié Zuckerman. Méir Hovav écrivit son article sur la Haggadah de Gurs, dans le quotidien *"Hatsofé"*, à partir de cet exemplaire du Docteur Rothschild.

Max Ansbacher, le frère du rabbin Ansbacher, fut lui aussi chassé de Belgique en France. A Gurs, il avait un rôle d'organisateur, il assurait la liaison avec les différentes organisations d'assistance. Il nous a dit, par l'intermédiaire de son fils, Monsieur Chimon Ansbacher, qu'à sa connaissance, la Haggadah avait été écrite sur des tablettes de cire, qui furent transmises en dehors du camp afin qu'elles soient polycopiées.

Le rabbin A. Yéhochoua Zuckerman, le fils de celui qui transcrivit cette Haggadah, nous raconta que son père était natif d'Allemagne et avait déjà émigré en Belgique en 1924. En mai 1940, il fut arrêté et expulsé vers la France. A Gurs il s'occupait des malades, d'éducation, il organisait la vie religieuse, enseignait la Torah et s'occupait du service des morts. Le rabbin Zuckerman possède un exemplaire de la Haggadah de Gurs qu'il reçut de son père. Il se souvient avoir entendu son père lui dire qu'il avait écrit la Haggadah de mémoire et que sans doute une pierre taillée lui servit de poinçon pour graver la cire.

Exemplaires particuliers de la Haggadah de Gurs

L'exemplaire de Gilbert Samuel :

Dans les collections du musée de Yad Vashem se trouve un exemplaire particulier de la Haggadah de Gurs, que reçut Julien Samuel, en remerciement de l'aide qu'il porta aux internés du camp. Julien Samuel, Juif français originaire d'Alsace, travaillait à l'OSE. Selon tous les témoignages, la nourriture à Gurs était très pauvre et Julien Samuel aidait surtout les internés en leur fournissant des suppléments de nourriture.

En dernière page de l'exemplaire, se trouve une dédicace, signée par le rabbin Ansbacher, Arié Zuckerman, le Docteur Rothschild et Max Ansbacher, où est écrit en hébreu : "פותח את ידך ומשביע" et en allemand : "A notre ami Julien Samuel, au chasseur infatigable de nourritures supplémentaires". En première page, il y a un dessin de Fritz Schleifer, une aquarelle où on voit le rabbin Ansbacher

prononçant son sermon devant une grande assemblée ; ce dessin ressemble à celui décrit plus haut à quelques petites différences près. Sous le dessin, on peut lire : "קאמף דע גירס" (camp de Gurs, en lettres hébraïques – NdT) et[6] "דרשה של מוה"ר
י' אנסבאכער, פסח תש"א, "מזכיר".

Cet exemplaire fut remis au musée de Yad Vashem par la famille de Julien Samuel en 1983. Cette Haggadah, ainsi que le dessin de Fritz Schleifer, furent exposés au musée historique de Yad Vashem à Pessah de l'année 1998.

L'exemplaire du rabbin René Samuel Kapel :

Le rabbin Kapel est mort à Jérusalem en 1994. L'exemplaire de sa Haggadah se trouve chez sa fille, Madame Judith Blum. Dans cet exemplaire également, se trouve une dédicace du rabbin Ansbacher et un dessin semblable de Fritz Schleifer où on voit le rabbin Ansbacher en train de prêcher.

L'exemplaire retrouvé dans une gniza[7] en Angleterre :

Sous le dessin que fit Fritz Schleifer à Gurs à Pessah de l'an 1941, il est écrit : "A l'admirable rabbin du camp, Monsieur Léo Ansbacher". De nombreux témoignages relatent les talents particuliers du rabbin Ansbacher, tant comme rabbin que comme travailleur social, dans les difficiles conditions du camp de Gurs.

Ses élèves et les membres de sa communauté en Israël racontent que dans chacun de ses discours, il évoquait l'époque de la Shoah, mais parlait très peu de lui-même. Ainsi, nombreux furent ceux qui n'avaient jamais entendu parler de la Haggadah de Gurs – dont la copie se trouve dans ce livre – avant le jour de la commémoration de sa mort.

1 Prière de Yizkor – prière que l'on récite pour le souvenir de l'âme de parents décédés, se dit dans les communautés ashkénazes après la lecture de la Torah le jour de Kippour, à Simha Torah et le dernier jour de Pessah et de Souccot.

2 Dans certaines communautés d'Allemagne, la prière de Yizkor était dénommée Mazkir.

3 Feuillet de papier spécial recouvert de cire ou d'un matériel avoisinant, fabriqué de telle façon que ce qui est y est gravé ou imprimé à la machine à écrire puisse être reproduit.

4 D'une main forte – NdT

5 Ouvre tes mains et rassasie – NdT

6 Abréviation de : מורנו הרב, soit : le rabbin notre maître. – NdT.

7 Gniza – lieu où l'on garde les manuscrits et les livres de prière qui ne sont plus en état de servir – NdT.

Bella Gutterman et Noémie Morgenstern

Au camp de Gurs

"Les cinquante huit dernières années me semblent plus courtes que les sept premières années de ma vie. Un gouffre profond sépare ces deux parties inégales":
Tout changea à Gurs, à cause de Gurs, après Gurs, depuis Gurs. Ma grand-mère est morte là-bas, de Gurs, mes parents ont été emmenés vers la mort, à Auschwitz, et mon enfance est morte, elle aussi à Gurs quand j'avais sept ans. Il ne fut plus jamais possible de la faire revivre."

Ehoud Lev

Le camp de Gurs n'était pas un camp de la mort, mais nombreux furent ceux qui y périrent de faim ou de maladie. Ce n'était pas un camp de travail et cependant des hommes qui y furent enfermés ont été emmenés aux travaux forcés et des milliers d'internés n'y trouvèrent pas un moment de repos.

Gurs était un camp d'internement.

Y furent enfermés des gens de tous âges, de très jeunes enfants et même des vieillards, parce qu'ils avaient des opinions différentes et surtout parce qu'ils étaient Juifs. Nombre d'entre ceux qui survécurent à Gurs, au froid et à la faim, à la maladie et au désespoir, furent envoyés dans les camps de la mort pour y être exterminés et rien, pas même une pierre tombale, ne reste d'eux.

Aujourd'hui, qui visiterait Gurs n'y trouverait que très peu de restes. Le camp a été détruit et n'est restée intacte que l'allée asphaltée qui le traversait sur deux kilomètres.

A l'entrée du camp se trouve un monument qui fut érigé en 1944 à l'instigation des survivants du camp.

L'autre monument éternel est le cimetière où sont enterrés plus de mille personnes, des Juifs, pour la plupart.

Osias Hofstatter
Camp de Gurs, 1941, 1953

La construction du camp

Le camp de Gurs fut construit en avril 1939 dans le Sud-Ouest de la France, à quatre-vingts kilomètres de la frontière espagnole. Gurs était un camp d'internement et les premiers internés y furent les soldats républicains qui fuirent vers la France à la suite de l'effondrement de la république espagnole et de la victoire du général Franco.

Quand l'Allemagne envahit la Pologne en septembre 1939, que la France et l'Angleterre déclarèrent la guerre à l'Allemagne, commença en France la chasse aux sujets allemands et autrichiens, y compris les activistes anti-nazis et les Juifs qui avaient trouvé refuge en France. Fin novembre 1939, ceux qu'on avait arrêtés furent transférés dans des camps d'internement dans le Sud-Ouest de la France, dont le plus important était Gurs. Des milliers de personnes qui avaient été arrêtées, hommes, femmes et enfants, furent internées dans le camp et il fallut aménager rapidement des installations sanitaires, des toilettes et quelques baraques pour les mères et les jeunes enfants.

Avec l'offensive de l'armée allemande en France, une nouvelle vague de sujets étrangers, des Juifs pour la plupart, furent envoyés à Gurs. Après la signature de l'armistice, le 22 juin 1940, qui partageait la France en zone occupée avec Paris pour capitale et en zone libre dont le centre était Vichy, Gurs devint, sous le gouvernement de Vichy, un centre d'internement et tous les internés non-juifs, pro-nazis et communistes furent libérés. A la fin de l'année 1940, restaient au camp à peu près trois mille personnes, dont 980 femmes juives.

Lisa Fittko, Juive native de Berlin, était active dans les cercles antifascistes en Allemagne. Elle quitta l'Allemagne avec son mari Hans et vint en France. Lisa fut arrêtée à Paris et fut transférée avec d'autres détenus au camp de Gurs.

"Entrez dans les baraques", hurla la gardienne. Les femmes furent divisées en groupes et furent poussées vers des rangées de baraques, toutes identiques. Chaque baraque était divisée dans sa longueur par un passage long et étroit de chaque côté duquel étaient rangés, les uns à côté des autres, presque sans espace libre entre eux, des matelas remplis de paille. Lisa alla au bout de la baraque où elle avait repéré un coin vide. Un coin présentait à ses yeux un avantage, parce qu'elle y disposerait d'un espace plus grand, pourrait tourner le dos aux autres et se serrer contre le mur. Il était difficile de distinguer des détails à la faible lumière de l'ampoule qui clignotait au milieu du plafond, et les visages de celles qui étaient couchées là étaient flous.

"Quelque chose me pique", sursauta une des femmes de sa place, le premier soir. Elle plongea sa main dans le matelas et en sortit une feuille de papier sur laquelle étaient gribouillées quelques phrases. "Chère jeune-fille, lit-elle, je ne te connais pas, mais c'est moi qui ai préparé pour toi ce matelas et quand je l'ai rempli de paille, j'ai pensé à toi. Amadéo, combattant espagnol de la liberté".

Un jour, raconte Lisa, un camion est arrivé au camp et y amena un nouveau convoi de réfugiées et d'immigrées. Dans ce groupe, il y avait Gisela qui avait seize ans et sa mère. Gisela n'a jamais ri ni pleuré. Elle ne parlait pas beaucoup, cependant elle raconta à Lisa que son père avait été battu à mort sous ses yeux par les nazis, que son frère avait été volontaire pour la guerre contre le régime fasciste en Espagne et avait été tué et qu'il ne lui restait que sa mère. Par les matinées ensoleillées du camp, Gisela sortait sa couverture de laine, l'aplatissait méticuleusement et y étendait sa mère malade. Elle s'asseyait à côté d'elle, la caressait doucement, et chantait pour elle d'une voix douce. Au bout de dix jours, sa mère mourut. Les yeux de Gisela restèrent secs.

Les déportations à Gurs

Le rabbin Leo Ansbacher, qui au bout d'un certain temps fut nommé rabbin du camp, raconte l'expulsion des sujets allemands et autrichiens de Belgique vers les camps d'internement de France :

"Vendredi le 10 mai 1940, alors que les avions allemands bombardaient la Belgique, je fus retenu à Bruxelles pour examen, avec quelques autres hommes, tous sujets étrangers. Nous faisions la queue, devant des employés assis derrière des tables dressées dans la rue, pour faire examiner nos papiers d'identité. Chabbat, on me laissa, avec un grand groupe de sujets allemands, dans un bâtiment d'école. Le fait que sept ans plus tôt, j'aie quitté l'Allemagne par peur des nazis et que j'avais émigré en Belgique ne changeait rien. Aux yeux des Belges nous étions des collaborateurs de l'armée d'Hitler.

Deux jours plus tard, on nous conduisit à la gare. On nous fit monter dans les wagons de deux trains de marchandises sur lesquels on lisait les mots : "cinquième colonne". Les trains partirent vers le Sud. Près de la frontière française on nous permit de descendre du train, on nous aligna en deux longs rangs et on nous distribua un liquide ressemblant à une soupe, tiré de deux grands baquets. A côté de moi, il y avait une quarantaine de Juifs pratiquants qui me demandèrent à moi, le rabbin, si la soupe était cachère. J'ai trempé un doigt dans la soupe, j'en ai léché un autre et j'ai déclaré : "cachère"! Après coup, il s'avéra que j'avais raison de permettre de manger cette soupe, puisque immédiatement après avoir fini de la manger, on nous fit à nouveau monter dans les trains et nous avons roulé pendant quatre-vingt-dix heures consécutives sans interruption, voyage difficile pendant lequel plusieurs voyageurs périrent.

Le train s'arrêta et on nous fit descendre dans une prairie. C'était vendredi après-midi. Nous nous sommes réunis pour la prière du vendredi soir à la fin de laquelle je fis un discours devant l'assemblée pour lui remonter le moral. On nous fit à nouveau monter dans le train et on nous envoya au-delà de la frontière dans un village français, Oloron Sainte-Marie, près du camp de concentration de Saint-Cyprien. Quand on nous fit descendre du train pour passer dans les camions qui devaient nous conduire au camp, des habitants du pays nous entourèrent, nous crièrent "à mort" et nous lapidèrent de toutes sortes de projectiles.

Nous étions à peu près sept mille, des Juifs pour la plupart et quelques Allemands, à arriver à Saint-Cyprien. En octobre 1940, après quinze mois dans des conditions d'habitation et des conditions sanitaires des plus difficiles, nous fûmes transférés au camp de Gurs où nous rejoignîmes des prisonniers, pour la plupart des Juifs, qui vivaient en France et étaient de nationalité étrangère et des Juifs allemands des pays de Bade et du Palatinat qui avaient été expulsés à Gurs pendant la fête de Souccot, en octobre 1940."

Le 22 octobre 1940 fut émis un décret ordonnant

Osias Hofstatter, 1953
Déportation de Bruxelles 1940

l'expulsion des Juifs des pays de Bade, du Palatinat et de Sarre en Allemagne, qui fut appliqué au cours d'une opération qu'on nomma l'action Burckel. L'initiative de l'expulsion avait été prise par des activistes locaux du parti nazi, soutenus par des autorités plus élevées dans la hiérarchie. A la suite des accords entre les autorités allemandes et celles de Vichy, le transfert des Juifs vers la France fut possible. L'opération d'expulsion vers la zone libre de France engloba toute la population juive de ces régions, des bébés jusqu'aux vieillards de quatre-vingt-dix ans et plus.

Le même soir, on annonça à Hitler qu'il n'y avait plus de Juif dans la région de Bade, qu'elle était "Judenrein". Reinhard Heydrich, commandant en chef de la police de sécurité et des services de sécurité du Reich, qui fut l'un des hommes clé de la politique anti-juive et de son application, rendit compte de cette expulsion :

"L'expulsion des Juifs se déroula partout dans les pays de Bade et du Palatinat sans perturbation et sans incident. L'opération ne fut pratiquement pas ressentie par la population. La saisie de biens juifs, leur administration et leur exploitation se feront par les préfets adéquats. Les Juifs mariés à des aryens ne furent pas expulsés".

Adèle Cantor, Juive berlinoise habitant Karlsruhe et veuve d'un riche avocat protestant, fut, elle aussi expulsée avec sa mère, très âgée.

"Ils nous ont annoncé que nous devions quitter la maison dans la demi-heure, que nous pouvions emmener 100 marks et une valise, par personne. Le reste de l'argent, il fallait le poser sur la table. Quand ils quittèrent la maison, ils laissèrent un policier militaire pour nous surveiller. Ce policier avait bon cœur et exprima des regrets sur notre sort, cependant il ne pouvait rien faire. J'étais embarrassée et confuse. Je devais soutenir ma vieille mère qui souffrait d'une déchirure d'un tendon et marchait difficilement, et en plus porter les valises dans lesquelles j'avais enfourné à la va-vite et de façon désordonnée les objets élémentaires auxquels je pouvais penser à ce moment.

A trois heures et demie exactement, les hommes de la Gestapo revinrent. Ils nous embarquèrent dans une voiture de police qui attendait dans la rue, comme si nous étions des criminels et nous fûmes emmenées pour ne jamais revenir. Les gens nous regardaient sans réagir. Quand nous sommes arrivées à la station, on nous poussa dans la foule. Près de moi, une femme agonisait et les hommes de la Gestapo hurlaient : "Prenez-la, prenez-la, c'est l'une d'entre eux". La femme fut traînée vers le train et là, j'espère qu'elle trouva vite la mort. Nous attendîmes trois heures et quand le train commença à s'ébranler en direction de l'Ouest, j'ai crié : "Dieu merci, pas vers la Pologne !"

"On nous dit que dans une demi-heure, on nous chasserait de l'appartement et que chacun pouvait prendre une valise avec lui", raconte Lisa Cantor qui avait onze ans quand elle fut chassée de sa maison de Mannheim. "Personne ne répondit à notre question : où est-ce qu'on nous emmène ? Le petit policier qui est resté pour nous garder me permit de faire des achats à l'épicerie d'à côté et, avec les familles juives de notre quartier, nous fûmes rassemblés dans la cour de l'école. On nous emmena dans des camions militaires dans la petite ville voisine de Waldhofen et là, dans des grands bâtiments, couchés par terre dans de grandes salles, nous avons attendu la lumière du jour. Par haut-parleurs, on nous dit de faire une marque sur nos valises, de les laisser sur place et d'aller vers les camions qui nous emmenèrent jusqu'à la gare. Les soldats SS qui se tenaient le long du train ordonnèrent de monter dans les wagons qui nous attendaient et dès que nous y entrâmes, on demanda des volontaires pour faire passer les valises dans des wagons séparés. Moi et quelques autres hommes, nous nous sommes tout de suite portés volontaires, mais pour les soldats SS, le transfert des valises ne se faisait pas assez vite et ils demandèrent des volontaires supplémentaires. C'est

alors que je vis pour la première fois la cruauté des SS. Ils entrèrent dans les wagons, saisirent quelques hommes, les jetèrent sur le quai et leur donnèrent des coups de pied jusqu'à ce qu'ils saignent.

Se fit alors entendre par voix de haut-parleur, un ordre interdisant d'ouvrir les portes ou de regarder à l'extérieur, et le train se mit en marche, chargé de familles, de vieillards, de malades et d'enfants, vers une direction inconnue".

Sigismond Kolos Vary
Déportés

Le voyage

Yitshak Kremer continue et raconte le voyage de déportation vers Gurs. Son père, qui avait l'habitude de voyager pour ses affaires, nota que le train roulait en direction de la France et, un instant, ils eurent l'espoir qu'en France ils seraient sauvés.

"Il n'y avait pas de lumière dans le train et la nuit nous nous efforcions de nous endormir assis. Soudain, au milieu de la nuit, le train s'arrêta et on entendit une voix annonçant que qui bougerait serait abattu sur place. Quelques soldats SS pénétrèrent dans le wagon et éblouirent les passagers assis, effrayés par leurs fortes torches. Ils frappaient à droite et à gauche et exigeaient en criant de savoir où était l'argent qu'ils croyaient que nous cachions. Les enfants et les femmes commencèrent à pleurer. Après quelques instants de terreur ils quittèrent le wagon et tout le monde resta assis dans l'obscurité. A l'aube, nous avons constaté que les haut-parleurs s'étaient tus et que le wagon d'accompagnement des SS, chargé de mitrailleuses, avait disparu. Nous comprîmes que nous avions passé la ligne de démarcation entre la zone envahie et la zone libre de France et nous étions heureux d'être enfin libérés des nazis".

Le 24 octobre, après un voyage sans interruption de deux jours, le train dans lequel voyageait la famille de Yitshak et les Juifs de Mannheim, s'arrêta dans la ville d'Oloron, voisine de Gurs. En même temps arrivèrent par d'autres trains les autres Juifs de Bade et du Palatinat.

L'expulsion des Juifs de Bade et du Palatinat surprit

les autorités françaises qui n'avaient pas reçu d'annonce préalable sur le transport de neuf trains vers la zone libre. C'est pourquoi elles n'avaient pas eu le temps de s'organiser pour accueillir les expulsés et préparer les habitations, comme le constate Yitshak Kremer à son arrivée au camp :

"Dans l'obscurité, sous une pluie battante, on nous ordonna de descendre du train. Exténués, fatigués et désemparés par le voyage épuisant, on nous fit passer sur des camions ouverts qui nous emmenèrent au camp de Gurs. Une grande barrière s'ouvrit devant nous et nous roulâmes sur la route centrale de l'aire qui était entourée de doubles fils de fer barbelés. On ordonna aux hommes de descendre des camions et les femmes continuèrent à rouler. Par un portail devant lequel se tenait un gendarme français, on nous poussa sur un terrain entouré de fils de fer barbelés où il y avait des baraques vides, ouvertes, en bois. Dans l'obscurité, nous avons cherché à nous abriter de la pluie battante et nous nous sommes assis dans un coin sec quelconque. A l'aube, nous avons pu constater quelle était notre véritable situation… Nous étions sur un terrain fermé, entouré d'une double rangée de fils de fer barbelés, de nombreuses baraques de bois n'avaient ni murs ni plancher, les gens pataugeaient dans la boue autour des baraques. Il n'y avait pas de toilettes et les gens étaient obligés de faire leurs besoins dans des tonneaux, sous la pluie et dans le vent. "

Au camp

Pas loin du camp se dressaient les Basses-Pyrénées aux sommets enneigés.

L'entrée du camp était fermée par une barrière mobile gardée par des gendarmes et près de laquelle, à gauche, se trouvaient les baraques de ravitaillement et le commandement du camp. Le camp s'étendait sur une surface longue de deux kilomètres et demi et large d'un demi-kilomètre. Il était entouré d'une double rangée de barbelés. Il était traversé par une route asphaltée des deux côtés de laquelle s'élevaient des rangées serrées de baraques, la plupart en mauvais état. Dans chaque baraque on pouvait loger jusqu'à soixante personnes, dans une grande promiscuité. Vingt-cinq baraques formaient un îlot, désigné par une lettre latine. Il y avait en tout, treize îlots dont chacun était entouré de fils de fer barbelés supplémentaires et était gardé par des gendarmes. Les îlots des femmes étaient séparés de ceux des hommes par la route. Les enfants plus âgés habitaient avec le parent du même sexe. Les

couples n'avaient pas le droit de se voir pendant de longues semaines et la solitude était constante et douloureuse. Il n'y avait dans tout le camp, ni arbre, ni buisson, ni plante, ni gazon. Rien que de la boue, profonde et dans laquelle on s'enfonçait.

Le Docteur Yitshak Eugène Netter, pédiatre, était président de la communauté à Mannheim. Quand on ordonna aux Juifs de Mannheim de quitter leurs maisons, on dit au Docteur Netter qu'il pouvait rester chez lui. Mais il choisit de partager le sort de sa communauté et se sépara de sa femme qui demeura dans la ville. Leur fils unique Shaul avait quitté l'Allemagne immédiatement après l'arrivée des nazis au pouvoir et était venu s'installer en terre d'Israël où il avait rejoint le kibboutz Dégania, dans la vallée du Jourdain. Le docteur Netter décrit ainsi le camp de Gurs :

"On ne peut décrire par des mots à quoi ressemble la terre du camp. Qui n'y était pas pendant les deux premiers mois particulièrement pluvieux, ne peut imaginer une telle horreur. Chaque fois que nous sortions de la baraque, nous nous enfoncions jusqu'à la cheville dans la terre friable et très souvent, nous nous enlisions encore plus profondément.

Très souvent, je me trouvais juste quelque part où il fallait dégager un malheureux de la vase où il s'était enlisé. Dès que nous quittions l'unique chemin en dur, commençait la lutte avec la boue. C'était une lutte inégale parce que nos chaussures légères ne convenaient pas à ce marécage, et encore moins les chaussures de femmes. La vase pénétrait dans les chaussures et les pieds étaient toujours humides."

Ehoud Lev était enfant unique et il fut expulsé vers

p. 78 dans la boue…,
l'hiver au camp de Gurs, 1940

p. 79 **Jacob Barosin**
'Mon lit', Gurs

le camp de Gurs avec ses parents, sa grand-mère et tous les autres Juifs de sa petite bourgade, Buhl, dans le pays de Bade.

"J'avais six ans et demi et j'ai aidé à la construction d'allées de pierres dans ce marécage. Je me souviens de chaque pierre que nous avons trouvée et que nous avons posée – moi, ma mère et les femmes qui étaient avec nous dans la baraque froide et humide.

Dès le moment où je suis arrivé à Gurs, je n'ai plus vu mon père. Il était dans l'aile des hommes. Tout était gris et froid. La pluie tombait sans cesse et je devais dormir sur un tas de paille mouillée qui me servait de lit. Ma mère obtint un peu de laine et tricota des gants qu'elle échangea contre des petites rations de lait pour moi.

Depuis mon arrivée à Gurs, je n'ai cessé de me languir du lit de papa et maman. J'ai compris là-bas que ma vie était insupportable, un véritable enfer. "

Rafi Palto avait quatorze ans quand il fut séparé de sa mère et amené avec son père dans un des îlots destinés aux hommes. Rafi décrit la cuisine improvisée et la nourriture insuffisante que l'on préparait au camp.

"Il y avait une sorte de cuisine dans un hangar et sur un feu de charbon chauffaient d'énormes casseroles. Les gens des baraques n'avaient pas de vaisselle, parce que nous n'avions que ce que nous avions amené de la maison et nous n'avions pas pris de vaisselle. Nous prenions donc des boîtes de conserves auxquelles nous mettions des anses en fil de fer que nous avions démantelé et là-dedans, nous mangions la nourriture qui nous était distribuée trois fois par jour. Le matin, on nous donnait un morceau de pain et une sorte d'eau brunâtre qui devait être du café. A midi et le soir, de l'eau sale avec un peu de haricots qui avaient été cuits pendant vingt-quatre heures mais qui restaient durs. Trois fois par semaine, il se trouvait pour les plus chanceux un morceau de viande dans la soupe. Tel était le menu avec en plus deux cent cinquante grammes de pain par jour. "

Le rabbin Ansbacher lui aussi témoigne que "la nourriture à Gurs était tellement insuffisante que nombreux furent ceux qui y moururent d'inanition".

"Je me souviens que pendant trois ou quatre mois, il y avait toujours la même chose. Le dimanche ou le jour de leurs Pâques ou pour une fête à nous, on nous donnait autre chose. Mais en général, tous les midis et tous les soirs, c'était la même chose, la même couleur, la même consistance. Ainsi par exemple, pendant approximativement quatre mois, nous avons mangé de la calebasse deux fois par jour. "

Les gens tombaient malades les uns après les autres, surtout les personnes âgées et faibles. La dysenterie fit

p. 80 **Kurt Prinz**
Infirmerie des hommes de l'îlot B
Le Docteur Julius Strauss, 1941

p. 81 Cuisson dans un four confectionné à partir de boîtes de conserve vides. Sur la photo Madame Friva Althausen, de Menheim, Allemagne

rapidement des victimes et bien que les médecins ne manquaient pas parmi les internés, qu'ils travaillaient du matin au soir, on ne pouvait rien faire sans médicament. Ils étaient impuissants contre l'épidémie. Quelque neuf cents personnes, dont la grand-mère de Yitshak Kremer et celle de Ehoud Lev sont mortes dans les premières semaines après leur arrivée au camp.

Dans ses mémoires, le Docteur Netter s'étend sur la situation sanitaire déficiente et difficile des internés du camp. Il écrit :

"Les déficiences dans le domaine médical eurent des conséquences tragiques. Pendant les mois de novembre et de décembre 1940, il y eut une mortalité massive. Se déclencha ici une maladie des intestins, étant donné que les nouvelles conditions de vie, si difficiles, avaient physiquement et moralement affaibli les gens, surtout les nombreux vieillards, et l'immunité naturelle était altérée. En vain, médecins et infirmières s'acharnaient au travail. La pénurie de médicaments était trop grande, la saleté était terrible, suite au manque de linge et pire que tout était la souffrance physique et morale qui résultait de cette situation. Pendant ces trois mois, sont morts plus de six cents personnes, hommes et femmes. Le cœur et le corps tout entier ne pouvaient plus supporter ce changement de vie et ils furent obligés de se rendre. Ainsi, du fait de l'horreur des nouvelles conditions insupportables, fut brisée la volonté de vivre. "

"On nous amena, ma mère et moi, à ce qui s'appelait l'infirmerie. C'était une sorte de baraque pour les malades, et nous y avons reçu de la nourriture chaude", dit Adèle Cantor en évoquant ses premiers jours au camp. Cependant au bout de quelques jours, il me fut interdit de rester avec elle, la nuit. Ma mère mourut quelques jours après notre arrivée, et je ne pouvais considérer sa mort que comme une délivrance.

Les gens mouraient comme des mouches, la plupart de dysenterie. Le jour de l'enterrement de ma mère, au début de novembre 1940, il y avait une telle pluie et la tempête était si violente qu'on pouvait à peine se tenir debout. Quatorze personnes furent enterrées ce jour-là, ce qui était la moyenne journalière à cette époque. "

Doli Steindeling raconte les conditions de vie dans les baraques:

"Des puces, des poux et des rats. Le pire était à mon avis les poux, dont le nombre était astronomique. Les malades, les personnes affaiblies et celles qui avaient perdu le désir de vivre se faisaient littéralement manger par eux. Souvent, on voyait des habits, comme par exemple des pantalons, suspendus aux barbelés ou devant les baraques, sur lesquels grouillaient des millions de poux, en grappes. Les rats pullulaient dans le camp tout entier et bien entendu dans notre baraque aussi. Contre ces bestioles, rien de ce que nous pouvions faire n'aidait ; elles étaient rusées et la plupart du temps, nous dormions, la couverture tirée sur le visage. "

Dans leur détresse, les internés firent preuve de sagacité et de capacité d'improvisation. Les femmes commencèrent à faire des travaux manuels, à la fois pour améliorer l'état de leurs rares vêtements et par désir de s'occuper. Les artisans qui ne pouvaient exercer leur métier, appliquèrent leur créativité à des

p. 82 Cercueils

œuvres pratiques. Ils démontèrent des baraques cassées et inhabitées et utilisèrent les matériaux pour réparer leurs propres baraques. Certains transformaient les boîtes de conserve en ustensiles de cuisine et les plaques de tôle en couteaux, en cuillers, en passoires, en assiettes, en bougeoirs, en cadre et même en miroirs.

Yitshak Kremer raconte l'initiative qu'eurent son père et ses amis, et qui déboucha sur l'ouverture d'un bureau de poste dans le camp :

"Mon père voulait permettre la liaison entre les différentes aires d'habitation, étant donné que nous ne savions pas comment se portaient les femmes et les jeunes filles. Il obtint du commandement deux laisser-passer, pour moi et pour mon ami, qu'on désigna désormais du titre d'Ilot-Poste. Nous pouvions circuler sur la route centrale du camp, circuler dans tous les îlots et nous portions des lettres et des menus objets de l'aire des hommes à celle des femmes. Nous profitions du fait que nous pouvions entrer dans chaque îlot pour acheter aux internés espagnols, qui eux pouvaient sortir du camp, des conserves et des fruits secs, pour les résidents de notre îlot. "

Les adolescents trouvèrent moyen de faire parvenir au camp quelques miches de pain :

"Mon ami et moi, nous découvrîmes qu'au bout de la route principale, il y avait un cimetière par lequel on pouvait sortir du camp. Nous l'avons signalé à nos pères, prîmes de l'argent et nous aventurions à sortir pour rapporter de la nourriture pour notre îlot. Nous atteignîmes le village de Gurs, mais nous ne savions pas le français. Un des paysans nous dit d'aller vers une

grange quelconque où nous rencontrâmes une femme qui parlait yiddish. C'était une réfugiée de Belgique. Cette femme nous expliqua qu'au village aussi il était difficile de se procurer du pain, mais malgré cela, son fils est allé avec nous chez le boulanger du coin qui eut pitié de nous et nous vendit quelques miches de pain. "

Le pain était remis aux adultes et l'un d'eux, qui jouissait de la confiance de ses voisins, le partageait en tranches égales. On pouvait beaucoup apprendre sur les hommes en les regardant au moment de la distribution du pain. Plus d'une fois, des disputes éclatèrent à ce propos et les regards silencieux, scrutateurs, pesant chaque miette, étaient fixés sur le couteau, et évaluaient l'épaisseur de la tranche.

Tout Juif est garant de ses frères

Dès septembre 1940, avant que les Juifs d'Allemagne n'arrivent à Gurs, le rabbin René Samuel Kapel dit à un congrès de rabbins, qu'il fallait "vaincre la faim, le pire ennemi des internés de Gurs". Il prévoyait que l'hiver qui s'approchait serait très dur. Il lança un appel aux Juifs de France et d'Amérique pour qu'ils "remplissent leur devoir envers leurs frères malheureux et établissent au plus vite un fond spécial pour aider à améliorer la nourriture, à obtenir des médicaments pour les malades, du lait pour les enfants et les vieux. Il ajouta qu'il fallait informer les organisations d'entraide, juives et non-juives, sur la tragédie qui se déroulait dans le camp. "

Quand arrivèrent au camp de Gurs les Juifs d'Allemagne et les prisonniers de Saint-Cyprien, la Croix-Rouge, l'OSE, l'ORT, le Joint, les Quakers et les communautés juives de Suisse se mirent à l'œuvre pour aider les internés.

Le rabbin Kapel raconte dans son livre *"Le combat juif en France occupée"*, que le commandant du camp lui accorda la liberté de circuler entre les îlots du camp et combien il fut surpris par ce qu'il voyait en y circulant :

"J'ai acquis la conviction que si nous voulions sauver ces gens de la déchéance il fallait obligatoirement créer d'urgence un service d'assistance au sein même du camp. J'ai proposé qu'il soit dirigé par le rabbin Ansbacher et ses assistants. Avant mon départ de Gurs je suis allé voir le commandant du camp et son adjoint et je leur ai recommandé le rabbin Léon Ansbacher, afin d'assurer et de renforcer son autorité auprès d'eux. Je leur ai demandé de lui accorder toutes les facilités nécessaires pour qu'il puisse remplir sa mission avec efficacité et succès. "

Le rabbin Yéhouda Leo Ansbacher témoigne que lui et ses compagnons s'efforcèrent d'organiser le camp selon l'expérience qu'ils avaient acquise au camp de Saint-Cyprien où ils avaient séjourné avant d'arriver à Gurs.

"Nous avons monté une organisation interne, le comité central d'assistance, qui s'occupait surtout d'aider les faibles. Dans chaque partie du camp, nous avons établi une baraque qui tenait lieu de maison de la culture, de synagogue et de bureau de poste. Nous avons distribué des tâches à quelques Juifs, et pour chaque partie du camp, fut choisi un délégué au comité central. Ce "comité central d'assistance" s'occupait d'assistance personnelle, d'aide morale et matérielle. Il

p. 87 **Sigismond Kolos Vari**
Trois fillettes, camp de Gurs

décréta que quiconque recevrait une somme d'argent ou de la nourriture, devrait aussi en faire bénéficier les autres. L'argent ramassé dans le camp fut consacré, par le biais des directeurs des baraques, à l'aide aux nécessiteux. Il y avait beaucoup de gens riches dans le camp, des diamantaires d'Anvers ou des gens qui recevaient de l'argent de Suisse. Par les directeurs des baraques, nous avons levé un impôt social de cinq pour cent sur tout mandat arrivant de l'extérieur. Mon frère Max était préposé aux achats et il réussit à obtenir des quantités de légumes qui sauvèrent des vies humaines. "

Les membres du comité et le rabbin Ansbacher qui était à sa tête étaient aimés dans tout le camp. Officiellement, le rabbin Ansbacher était le rabbin du camp, mais il devint vite l'autorité spirituelle et morale suprême. Max Ansbacher, son frère, dirigeait l'état-major des achats ; Arié Zuckermann remplissait différents rôles en dehors de celui de directeur du service des morts ; le docteur Pinhas Rothschild était préposé à l'éducation et à l'aide sociale, Helmut Nathan, le dévoué secrétaire du comité, consignait les décisions prises et Ivan Cohn et Mandfred Bauer s'occupaient de la distribution des denrées avec efficacité et sensibilité.

Hanna Shramm, internée dans un îlot de femmes raconte la visite du comité dans son îlot :

"Ils mirent dans leur poche la liste des commandes les plus urgentes que nous avions préparée d'avance : des vêtements d'hiver pour quatre femmes, des suppléments de nourriture pour les malades et les vieux et de la laine à tricoter. Le soir suivant la visite, Arié Zuckermann revint avec un grand sac de biscuits

Bébés au camp de Gurs

et des figues pour les enfants. Chaque semaine et souvent, plusieurs fois par semaine, le comité central d'assistance faisait parvenir à tous les îlots des fruits, du pain, des figues, un peu de flocons d'avoine et de farine. "

Le sauvetage des enfants

Les autorités du camp permirent à des organismes d'entraide d'œuvrer pour améliorer les conditions de vie des enfants, dont une partie étaient malades. Puis commença le sauvetage des enfants et les plus jeunes furent envoyés dans des maisons d'enfants ou dans des familles juives dans le Sud de la France. Le sauvetage de chaque enfant était une vraie tragédie. Une mère, internée dans l'îlot des femmes avec son petit garçon, dut prendre seule la difficile décision de son transfert dans un lieu inconnu, en plus de la séparation et de la terrible crainte que, peut-être, ils ne se reverraient plus. Pour les enfants qui furent sauvés, la séparation d'avec leur mère et le fait qu'ils ne dirent pas au revoir à leur père qui se trouvait dans un autre îlot, est resté une cicatrice qui ne s'est jamais guérie. Ces enfants, d'abord arrachés à leur maison, étaient maintenant séparés de leurs parents et de leurs connaissances pour passer dans de nouveaux lieux, dans un cadre inconnu, où on ne parlait que le français.

Ehoud Lev était parmi les enfants qui furent sortis du camp de Gurs par l'OSE. Il fut transféré dans la maison d'enfants de Chabannes, puis caché chez une famille française. Il raconte la séparation d'avec sa mère :

"Je suis alors tombé malade. Et alors que j'étais couché sur un tas de paille mouillée, deux personnes, parlant français, sont venues et sont restées près de moi, avec ma mère qui était très pâle. Maman me prit dans ses bras, m'embrassa de toutes les forces qui lui restaient et chuchota à mon oreille: "Va avec eux, Herbert, ils t'emmèneront dans un endroit sûr, ils s'occuperont de toi et après, je viendrai... "Avant d'avoir eu le temps de réagir, j'étais déjà dans les bras de cet homme qui est vite sorti de la baraque et a couru avec moi vers la barrière.

Je ne me souviens pas comment nous avons franchi la barrière. Je me rappelle que nous avons roulé en camion avec beaucoup d'autres enfants. Je me souviens d'être arrivé dans une grande maison qui servait de home d'enfants. J'avais sept ans et pour la première fois de ma vie, j'habitais avec des enfants. "

Ouri avait douze ans en février 1941 quand il fut séparé de ses parents au camp et placé, avec un groupe d'enfants, dans une maison d'enfants. Dans une lettre que lui confia son père avant qu'il ne parte, il lut entre les lignes l'espoir que mettait son père dans sa libération. Mais en juillet 1941, Ouri décida de revenir clandestinement à Gurs et d'aider ses parents. Muni d'un sac plein de pommes de terre, il prit l'autobus pour Oloron et de là, fit seize kilomètres à pied. Il ne lui fut pas difficile de pénétrer à l'intérieur, les adolescents internés à Gurs connaissant toutes les brèches des barrières et l'inattention des gardiens. Il arriva à la baraque de la Croix-Rouge et les assistantes sociales qui y travaillaient furent stupéfaites : "sauve-toi immédiatement d'ici", le gronda l'une de ces femmes, craignant qu'on ne le découvre. Ouri fut vexé et crut qu'on ne voulait pas de lui. La rencontre avec sa mère malade fut émouvante, mais elle aussi lui enjoint de sortir au plus vite du camp et quand il vint chez son père dans son îlot, sa réaction fut la même. Ouri partit et ne revit jamais ses parents.

Les enfants qui restèrent au camp devinrent vite des adultes. Ils voyaient la mort tous les jours et voyaient des cadavres chargés sur des charrettes pour être enterrés. Rafi Palto qui avait quatorze ans et resta au camp avec son père, loue dans son témoignage le comportement de son père qui fit tous les efforts pour préserver son hygiène personnelle, sa dignité humaine et celle de son fils.

"Mon père marchait comme si à chaque instant devait arriver de la banque une voiture avec chauffeur pour l'emmener. Il m'obligeait aussi à me lever tous les matins. Cela n'existe pas de rester couché, bien que nous n'ayons rien à faire. Se lever à six heures et demie, sortir, se laver à l'eau froide, faire de la gymnastique, cirer ses souliers. Je demandais : "Papa, pourquoi cirer les souliers? Nous sommes dans la boue et nous cirons nos chaussures?"

p. 91 **Stroheimer**
Femmes à côté de la barrière, 1940

p. 91 Filles du groupe "Menora"
Le cinquième homme à gauche
est le rabbin Yéhouda Leo Ansbacher

Ensuite, il faut sortir se promener. Nous recevions un succédané de café et un morceau de pain et nous nous promenions. Papa veillait à ce que nous ne nous affaiblissions pas. Je ne me souviens pas de lui à la maison cousant un bouton ; à la maison, il ne faisait pas la moindre chose. Ici, il mettait sa chemise sous la couverture pour la "repasser". Nous faisions nous-même notre lessive et parfois nous la frottions avec une pierre pour qu'elle soit propre. C'était extraordinaire. Je me souviens de mon père de la manière la plus positive. "

Le rabbin Ansbacher, dans son témoignage, raconte une histoire particulière qui exprime le souci pour le sort et la vertu des jeunes filles restées au camp, certaines sans parents ni proches :

"Après que l'OSE, organisation de sauvetage, eut sorti les enfants de l'enceinte du camp et les eut placés dans des maisons d'enfants de la région qui se trouvait sous l'autorité de Vichy, il restait au camp environ vingt-cinq jeunes filles de quinze ans et plus dont certaines étaient les seules survivantes de leur famille. Madame Ass, Juive française qui visita le camp dans le cadre des services d'assistance, me fit remarquer que les employés et les gendarmes français suivaient ces jeunes filles du regard. Nous craignions que ces Français ne tentent ces jeunes affamées pour une tranche de pain et nous nous sommes adressés au commandant du camp pour lui demander de nous allouer un endroit pour tenir avec ces filles, des activités culturelles. Le commandant du camp accepta de nous donner un local dans une des baraques et se hâta de rapporter à ses supérieurs la part qu'il avait

prise dans l'organisation d'activités culturelles pour les jeunes de son camp. Cette partie de baraque fut transformée en club et nous avons organisé les filles en un groupe qui s'appela "Ménora". Nous les voyions plusieurs fois par semaine. Le Chabbat et pendant les offices, nous leur parlions de la Sidra de la semaine et les autres jours, nous enseignions l'hébreu. Certaines d'entre elles n'avaient jamais vu de lettre hébraïque et sans Hitler, quelques-unes n'auraient jamais su qu'elles étaient juives. Si je peux me permettre d'être sentimental, il y eut des moments où les filles rêvaient qu'un jour, le groupe tout entier fonderait un kibboutz en terre d'Israël. "

Une fois l'activité de club du groupe "Menora" bien établie, quand il n'y eut plus de crainte que le noyau de jeunes filles ne s'effrite, Pinhas Rothschild, qui était responsable du groupe et le rabbin Ansbacher cherchèrent une activité supplémentaire pour les jeunes filles. Le rabbin les enrôla pour des activités d'entraide parmi les malades et les personnes faibles. Deux d'entre elles l'accompagnaient dans ses visites à travers le camp et l'aidaient à trouver les nécessiteux tandis que les autres furent engagées dans différents domaines de responsabilité. Ces activités firent monter le prestige de ces filles aux yeux des internés et surtout à leurs propres yeux. Ce sentiment de satisfaction contribua à atténuer les dommages de la déchirure provoquée par l'arrachement à leurs maisons et à la perte de leurs proches.

Particulièrement difficile était la séparation entre les hommes et les femmes. Elle faisait profondément souffrir les familles et les couples mariés, arrachés cruellement l'un à l'autre. Si un couple voulait se voir, il devait soumettre une demande officielle et le nombre de certificats accordés était des plus réduits. Cet état entraîna de nombreuses tragédies personnelles. Ce n'est que pendant les enterrements que les femmes et les hommes étaient autorisés à se rencontrer sans avoir besoin de laisser-passer. En conséquence de quoi, ils prirent l'habitude de venir à des enterrements de gens qu'ils ne connaissaient absolument pas. Ainsi, ils purent un peu contourner le décret de séparation des familles. Une expression très courante dans le camp était celle d'une jeune femme à son mari : "Cher Otto, fais ça pour moi et viens demain à midi à la cérémonie d'enterrement".

Histoire poétique sur les Juifs amenés à Gurs, écrite par une détenue anonyme

Mes aimés… au-delà de la mer et du continent,
Ces mots vous sont dédiés, écoutez donc :
A une heure du matin, en pleine tempête,
Je déverse mon cœur devant vous.
Avec mes sœurs de Bade, du Palatinat et de Sarre,
De vingt à quatre-vingts ans,
Votre Martha est liée par des chaînes
Des heures et des jours, dans une baraque de bois.
Le jour du quatre-vingtième anniversaire de grand-mère (22 octobre 1940)
On nous emmena avec quelques objets, car le temps était court.
Vingt minutes avec mes deux vieux,
Il est indispensable dans ces conditions de rester alerte.
Il faut maintenant faire vite et amener couvertures chaudes et souliers,
Et à manger pour trois jours.
Grand-mère était toute confuse, je devais tout faire,
Elle ne voulait prendre que des albums de peine et des tableaux encadrés.
Elle les questionna aussi à propos de vêtements mortuaires,
Mon Dieu aide-moi.
Jusqu'à ce jour je ne sais comment il se fait
Que je réussis à garder un certain sang froid,
Et avec eux deux, au milieu des clameurs et des cris,
Je dis adieu au pays.
Nous partîmes en voiture vers le château,
Où étaient rassemblés des gens du pays du Rhin et de la Hanse.
A neuf heure du soir le mouvement commença.

La garde nous pressait de nous hâter.
Dans le tumulte j'ai tout perdu,
Je transpirais et j'étais gelée,
A une heure du matin on me chercha,
Grand-mère occupait les toilettes,
Elle vomissait devant tous et tout le temps,
Et grand-père ne restait pas non plus à ne rien faire,
Il se frappait la bouche,
Se conduisait en sauvage, je ne peux vous le décrire,
Comme quelqu'un qui veut chasser des gens de son lit,
Il marchait, vêtu de sa seule chemise,
Imaginez-vous, comme j'avais honte.
Heureusement, le train allait de l'avant,
Où – personne ne le savait.
Nous avons passé par Rastatt, Offenburg, Breisach,
la frontière.
Là on reçut deux mille francs, les pauvres comme
les riches.
Tout le reste est resté là-bas, cela m'était égal.
Belfort, Besançon, Montpellier, Avignon, Lyon,
Perpignan, Toulouse, Oloron.
Enfin nous sommes arrivés,
Ceci après soixante-dix heures,
Le voyage nous a épuisés,
Mais nous eûmes une compensation,
Car la vue était magnifique,
Là-dessus tous furent unanimes.
Montagnes et forêts, collines et mer,
Après des heures d'éveil les yeux se sont fermés,
A Gurs, notre nouvelle demeure, nous sommes arrivés
Sous la pluie, et pas sous le soleil.
La baraque numéro 31 était vide et abandonnée,
Mais vite sont arrivés des matelas et des sacs de paille.
La soupe chaude après toutes ces souffrances

Etait bien meilleure que le plus beau festin.
Il n'y a ici ni table ni assiette,
Mais quel plaisir de manger avec les doigts dans une boîte en fer blanc.
On nous donna de la soupe et du pain,
Et du café qui agrémenta le lait,
Et même des haricots,
Meilleurs que du malt,
Ou que le plus mauvais sureau.
De la cuisine, on reçut des pommes et du fromage,
De la confiture, de la gelée et des oranges.
Madame Docteur et la servante – ici toutes sont égales,
Il n'y a ici ni pauvre ni riche.
Peux-tu me prêter quelques paires de chaussettes ?
Je te donnerai en échange un morceau de beurre.
Si tu me donnes du thé, je te donnerai de la viande.
Qui ici possède du cognac est riche.
Ne croyez pas que nous pleurions ici,
Dieu fait briller le soleil de toute sa splendeur.
Se laver et se doucher sont ici expériences merveilleuses,
On se sent alors comme si on portait des précieux habits de soie.
Et le vendredi soir avec les bougies et les chants,
Les blagues et les semonces et les corvées d'eau,
Tel est notre sort en ces jours.
L'après-midi tous vont près des barbelés
Pour voir le mari s'approcher.
Ma joie quand je trouve le mien est inimaginable,
Au bout de dix-sept jours et quelques heures.
Entre deux et six nous eûmes droit à des vacances.
Je ne peux vous dire notre conversation.
Il vaut donc mieux que j'y renonce.
Cette semaine j'ai nettoyé les latrines

Pour une double portion, mais pas seulement ça.
On me permit d'aller chez Herman, c'était merveilleux.
Ils étaient tous jaloux de mon plaisir,
Mais pour nettoyer, une seule femme m'accompagna.
Grand-père est dans la baraque de la Croix-Rouge.
Quand je vais le voir, il pleure, et ce n'est pas de douleur,
Au contraire, son cœur est en joie,
Il est content comme un enfant.
Jusqu'à ce qu'on arrive à New York.
La petite, Héléna, Frida et Natel donnent aussi le bonjour,
Ensemble nous nous adoucissons la vie.
L'une donne du café, l'autre de la gelée,
L'une de l'eau chaude, l'autre du thé,
Ecrivez vite et bonne nuit,
J'ai essayé de faire de mon mieux.

p. 96 **Osias Hofstatter**
Nature morte, 1944

p. 97 **Jacob Barosin**
Gurs, devant la baraque, 1943

"Du fond de ma détresse, j'ai invoqué Dieu"

"Je n'ai jamais vu tant de dévotion, tant de ferveur religieuse, comme j'en ai vu dans ces misérables baraques, glacées et humides, ces lieux de prière improvisés".

Le rabbin René Samuel Kapel

La religion tenait à Gurs une place essentielle dans la vie quotidienne, et cela était encouragé par les autorités du camp, qui pensaient que satisfaire aux exigences religieuses des internés effacerait leur sentiment d'amertume. L'activité religieuse de Gurs commença en octobre 1940, avec l'arrivée des Juifs d'Allemagne parmi lesquels se trouvaient dix rabbins, des érudits en matière de tradition juive et des lettrés. Les rabbins, à la tête desquels se trouvait le rabbin Yéhouda Ansbacher, assumèrent le rôle de pasteurs spirituels et influencèrent énormément la vie du camp. Une baraque à l'entrée du camp fut attribuée au rabbinat du camp et l'activité religieuse s'élargit. Il y eut des cercles d'études d'histoire juive, de Bible et de Talmud et dans des synagogues improvisées se tinrent des offices réguliers. On organisa des après-midi récréatives d'Oneg Chabbat le samedi, des cérémonies de Bar-Mitsva, des mariages et des circoncisions. Grâce au laissez-passer permanent accordé au rabbin Ansbacher et à son équipe, ils pouvaient circuler librement dans le camp et chaque Chabbat, le rabbin Ansbacher avait l'habitude de prier avec les prisonniers d'un autre îlot. Il allait à pied, dirigeait l'office, faisait un sermon sur des questions d'actualité et sur la Sidra de la semaine et terminait par des paroles de consolation et d'apaisement. De nombreux jeunes se rassemblaient pour étudier à la Yéchiva qu'il avait créée et qu'il avait appelée sérieusement mais non sans un brin d'ironie du nom de "Yéchiva de Bné Braq", faisant allusion à la fois à la ville de Bné Braq et aux "baraques", ces baraquements qui servaient de logement.

Le Docteur Pinhas Rothschild, originaire d'Allemagne, dirigeait une maison d'enfants à Anvers en Belgique quand il fut arrêté en mai 1940 et déporté à Gurs. Rothschild était préposé au travail social du camp. Il se souvient qu'avant la fête de Pessah 1941, le rabbin Yéhouda Ansbacher, son frère Max et le Docteur Joseph Weil, médecin très connu à Strasbourg, s'étaient adressés au général Gruel, directeur français de l'intendance du camp. Ils lui expliquèrent qu'une partie des Juifs emprisonnés ne mangeraient pas de pain pendant la fête des Pains Azymes et lui demandèrent que la farine destinée à la cuisson du pain soit employée à la cuisson de Pains Azymes. Gruel promit de le faire mais ajouta qu'il se pouvait qu'au dernier

moment, son supérieur refuse d'agréer la demande et dans ce cas, on ne pourrait plus amener la farine à la boulangerie et y cuire du pain. Gruel exigea qu'on lui remette un document, signé par tous ceux qui désiraient manger des matsot, comme quoi ils étaient prêts à renoncer à leur part de pain pendant les huit jours de la fête. Le Docteur Rothschild se chargea de réunir les signatures, et il fut aidé pour cela par les filles du groupe "Ménora". Les jeunes filles allèrent d'une baraque à l'autre, expliquèrent le risque encouru en signant et firent signer les intéressés. Environ huit mille personnes signèrent le document et tous purent recevoir des matsot pour la fête. Exceptionnellement, ce soir du Séder 1941, les hommes et les femmes purent célébrer la fête ensemble.

Pour cette fête de Pessah, Arié Zuckermann prépara de mémoire, une Haggadah de Pessah pour les internés du camp. C'est la Haggadah de Gurs.

La veille de la fête, le rabbinat du camp publia une liste des produits permis et interdits à Pessah.

Pessah 1941

Ci-dessous, la liste des produits permis et des produits interdits cette année :

Interdits:
Succédané de café et café impur
Nouilles
Fleur de farine
Flocons d'avoine
Boissons chocolatées "Ovomaltine", "Blandina", etc.
Farine de maïs, etc.
Conserves d'épinards
Purée de tomates
Cubes de soupe
Bière
Miel artificiel
Poissons au jus de tomate
Succédané de cacao
Fromage maigre en boîte

Permis:
Saccharine
Conserves de légumes
Légumineuses
Conserves de poissons
Lait en boîte
Confiture
Fruits séchés
Fromage
Graisse et huile
Chocolat
Cacao pur
Vin rouge

Le riz est permis pour les malades, sur accord du rabbinat.
Des informations supplémentaires sur le hamets, le Séder et la vaisselle seront transmis plus tard.
Heures de réception du rabbinat : tous les jours entre 10 et 11 à l'îlot G/2.
Camp de Gurs, 24 mars 1941.

Avant le mois de Tichri 1941 furent distribuées des centaines de brochures où avaient été imprimées les prières du Mahzor des Yamim Noraïm. Il y avait au camp des Chofarot, des rouleaux de la Torah, des calendriers et des Mahzorim. A Roch Hachana, les synagogues des îlots étaient combles, des milliers de personnes s'étaient rassemblées pour écouter sonner le Chofar. La veille de Roch Hachana, qui tombait le dimanche 21 septembre 1941, les rabbins Ansbacher et Kapel adressèrent une bénédiction aux internés de Gurs :

Chers amis,
Roch Hachana cette année tombe à un moment difficile pour nous tous. Nous nous préparons à fêter ces journées solennelles de Yamim Noraïm d'une manière complètement différente de ce que nous attendions. De tout temps, les Juifs ont su écouter l'appel de Dieu et entendre sa voix, même dans les moments les plus difficiles. Ils distinguaient le jugement du Juge suprême et l'appel angoissé du Père à ses fils. Rarement dans la longue histoire du peuple d'Israël, il arriva que le Dieu de nos pères fasse entendre si clairement sa voix comme il le fit au cours de cette année qui s'achève maintenant. Nous avons le devoir de lui donner une réponse adéquate. Posons-nous sérieusement et honnêtement la question de savoir si nous avons vraiment rempli notre devoir envers Lui et envers notre prochain, dont la souffrance est aussi la nôtre. N'avons-nous pas négligé des valeurs spirituelles pour lesquelles ont vécu et sont morts les Juifs pendant des générations. Il faut savoir si nous n'avons pas renié dans une trop grande mesure notre vraie et magnifique culture pour participer à cette civilisation alternative porteuse d'une si grande catastrophe pour l'Humanité. Et n'oublions pas de mentionner que ceux qui prônent cette

Fritz Schleifer
Camp de Gurs, Roch Hachana 1942
Avec la générosité du Centre de Documentation Juive Contemporaine, Paris

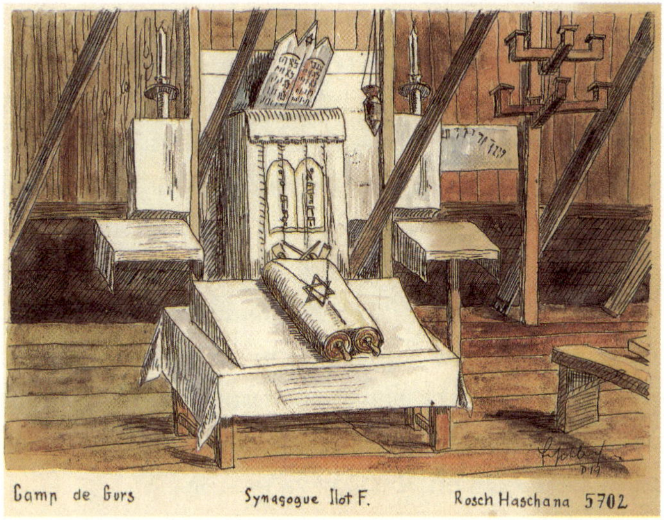

"civilisation" en question nous interdisent en de nombreux lieux d'y participer.

Juifs, apprenez enfin à connaître les valeurs de votre judaïsme. Soyez certains qu'en le faisant, vous apprendrez à les apprécier et à les respecter. A la gravité de la situation, au lourd destin cruel que vous a octroyé la main de Dieu, opposez la droiture de votre conscience, votre ferme résolution de revenir vers le Créateur du monde. Nous voulons entendre l'appel de Dieu et lui répondre de tout cœur. Nous désirons intensément nous engager, sans réticence, à remplir notre devoir envers Dieu et envers le prochain.

Convaincus de cela, nous voulons en ce jour extraordinaire nous tenir devant le Saint-béni-soit-Il et l'implorer de nos prières, du plus profond de notre être. Qu'il nous accorde enfin une bonne année pleine de bienfaits, nous donne la force et la santé et nous permette de revoir nos foyers et la paix dans le monde.

A vous, à nous tous, à tous nos frères et sœurs proches ou éloignés, nous souhaitons du fond du cœur כתיבה וחתימה טובה *(d'être inscrits dans le livre de la vie pour une bonne année – NdT).*

Avant Yom Kipour un wagon plein de légumes fut envoyé au camp pour le repas précédant le jeûne. Les baraques étant trop petites pour accueillir tous les fidèles, les prières se déroulèrent à l'extérieur. Elles furent récitées avec ferveur et avec émotion et des milliers de personnes jeûnèrent.

Pendant la fête de Souccot, par un temps clément, des centaines de personnes vinrent dans la soucca publique, une baraque dont le toit avait été enlevé et remplacé par des branchages. Six autres souccot furent construites à travers le camp et artistes et jeunes gens travaillèrent ensemble à leur décoration.

La fête de Hanoucca est restée gravée dans la mémoire des internés qui ont allumé en 1941 la première bougie de Hanoucca.

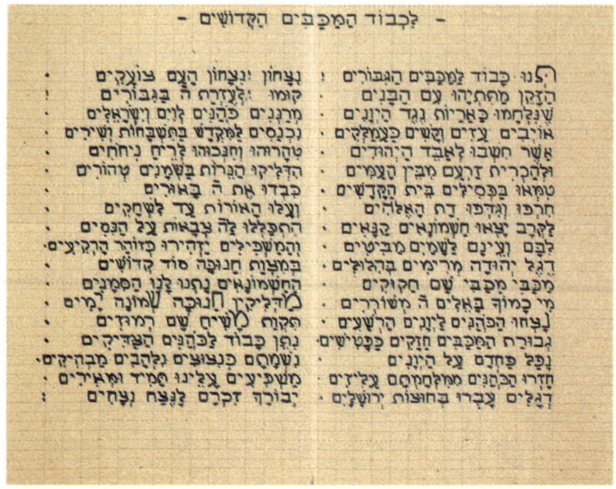

- לכבוד המכבים הקדושים -

הלנו כבוד למכבים הגבורים :
הזקן מתתיהו עם הבנים .
שנלחמו כאריות נגד היונים .
אויבים זדים וקשים כעמלקים .
אשר חשבו לאבד היהודים .
ולהכרית זרעם מבין העמים .
טמאו בפסילים בית הקדשים .
חרפו וגדפו דת האלהים .
לקרב יצאו חשמונאים כנאים .
לבם ועינם לשמים מביטים .
דגל יהודה מרימים בהלולים .
מכבי מכבי שם חקוקים .
מי כמוך באלים ה' משוררים .
נצחו הכהנים ליונים הרשעים .
גבורת המכבים חזקים כפטישים .
נפל פחדם על היונים .
חזרו הכהנים ממלחמתם עליזים .
דגלים עברו בחוצות ירושלים .

נצחון ! נצחון העם צועקים .
קומו ! לעזרת ה' בגבורים !
מרננים כהנים לוים וישראלים .
נכנסים למקדש בתשבחות ושירים .
טהרוהו וחנכוהו לריח ניחחים .
הדליקו הנרות בשמנים טהורים .
כבדו את ה' באורים .
ועלו האורות עד לשחקים .
התפללו לה' צבאות על הנסים .
והמשכילים יזהירו כזוהר הרקיעים .
במצות חנוכה סוד קדושים .
החשמונאים נתנו לנו הסמנים .
מדליקין חנוכה שמונה ימים .
תקוה משיח שם רמוזים .
נתן כבוד לכהנים הצדיקים .
נשמתם כנצוצים נלהבים מבהיקים .
משפיעים עלינו תמיד ומאירים .
יבורך זכרם לנצח נצחים :

פואימה שעשה הרב פרופיסור

מנחם קוריאט

Rabbin Prof. M. CORIAT

- לכבוד המכבים הקדושים -

בחגיגת חנוכה של מחנה הסגר גורס

שנה תש"ב לפ"ק

הו ! בני המכבים אחים ורעים .
עורו ! למדו עברית שפת ההורים .
מורשה לנו מבריאת העולמים .
בידיעת שפתנו נגאלנו ממצרים .
ובזכותה מקוים להיות נגאלים .
נשובה לציון ! כימי קדומים .
שובו ושובו ! ממרחקים לארץ העברים .
נשאף אויר רוחני ממעונים .
נרימה הדגלים ! בזמירות וגילים .
ואז נשיר שירים חדשים .
ה' מי כמוך באלים :

"Le premier soir de la fête, nous avons allumé les bougies de Hanoucca dans les baraques des vieux, après la cérémonie religieuse qui s'était tenue dans la baraque de la culture. En vérité, il y eut deux fêtes ce soir-là parce que la baraque n'était pas assez grande pour les trois cents participants. Il y eut des récitations, des mélodies, un opéra et un pot-pourri d'airs populaires juifs. Ensuite, les enfants furent conviés à une belle fête où on leur distribua des jeux et des confiseries et on ne voyait plus que leurs visages qui brillaient. "

L'historien Claude Laharie parle de l'intensité de la création religieuse et culturelle au camp de Gurs, face aux difficultés quotidiennes :

"De nombreux Français ont du mal à comprendre aujourd'hui pourquoi la vie culturelle à Gurs sous le régime de Vichy était si bouillonnante. Ils reconnaissent certes qu'il y avait parmi les internés quelques personnalités exceptionnelles, mais selon eux, le fait que les internés aient consacré tant d'énergie à des activités, qui en fin de compte n'étaient absolument pas nécessaires pour leur vie quotidienne, prouve qu'ils n'étaient pas si malheureux qu'on le dit. Cette conclusion se fonde sur une méconnaissance profonde de la réalité de Gurs. La vie normale n'existait plus au camp, une nouvelle échelle de valeur s'était créée. La cellule familiale n'existait plus, il n'y avait pas d'habitation privée où on puisse s'isoler, pas de métier à exercer, pas de travail qu'il faille terminer. Pas de salaire à gagner, pas de niveau de vie à conserver. Tout ce qui était indispensable dans le passé avait disparu et tout ce qui avant était considéré comme d'importance secondaire, comme la couture, la création artistique et même la pratique de la religion, devint à Gurs, l'objectif principal de la vie quotidienne. L'indifférence était une reddition devant la douleur et la tristesse et une lente perte d'humanité. "

Déportations de Gurs vers les camps de la mort

"Ceux qui partirent en déportation firent preuve d'un étonnant courage. Ils ne savaient pas tout ce qui les attendait mais pressentaient la vérité. Quelques Français honnêtes qui nous gardaient, pleuraient, mais ils étaient une minorité".

Le rabbin Yéhouda Léo Ansbacher

Je parle maintenant dans ma quatrième langue,
Je suis dans mon troisième pays.
Je suis très inquiète.
Qu'adviendra-t-il de moi, je ne sais pas.
Je sais que nous devrons encore partir.
Ma mère pleure aujourd'hui,
Elle pleure beaucoup, souvent.
Je regarde tristement les gens heureux,
Les autres,
Je songe à la direction de notre prochain voyage,
Aux villes étrangères, aux grandes villes,
Là-bas.
Je pense à la faim qui tiraille le soir,
Oh ! Si seulement j'avais un ami !
Cette solitude me fait si mal.
Où irons-nous maintenant ?
Resterons-nous ici ?
Sept ans d'errance, ça suffit !
J'ai perdu ma joie.
Je suis une fille d'immigré.

Herta Freund

Osias Hofstatter
Détenus dans le camp, 1944

Le 20 janvier 1942, à la Conférence de Wannsee, fut coordonné le programme opérationnel de la "Solution Finale du problème juif" qui mettait en application la déportation vers l'Est de la population juive, vers les centres d'extermination. Le 11 juin 1942, lorsque fut discutée la question de la déportation des Juifs d'Europe de l'Ouest, les autorités françaises s'engagèrent à déporter dans une première étape, 100.000 Juifs de la zone libre et de la zone occupée. En été 1942, il fut convenu que tous les Juifs étrangers de zone libre seraient arrêtés et expédiés à Drancy, camp de transfert à partir duquel ils seraient déportés vers l'Est. Adolphe Eichmann arriva à Paris pour l'application de ce plan et à la suite de sa visite, fut rédigé un document où il était stipulé qu'il fallait le plus rapidement possible libérer la France de ses Juifs et s'appliquer à intensifier le rythme des déportations. Le gouvernement de Vichy s'engagea à remettre aux Allemands 30.000 Juifs étrangers, pour la plupart venant d'Allemagne, d'Autriche et de Pologne. Fin juillet 1942, commencèrent les préparatifs pour les déportations qu'avait précédé la publication de lois anti-juives à l'instigation du gouvernement de Vichy.

Les plans de déportation furent élaborés dans les moindres détails et l'Obersturmführer Theodore Dannecker chargé des affaires juives en France, écrivit :

"Les trains seront composés de locomotives, de trois wagons de voyageurs pour les policiers et de vingt wagons de marchandises… Le gouvernement français paiera le coût du transport et un payement global de 700 marks par Juif et il lui faudra aussi couvrir les frais d'habillement et de ravitaillement pour une durée de quatorze jours à partir de la date de départ. Il est

recommandé de concentrer les Juifs avant la déportation. Chaque convoi comprendra mille Juifs. Dans chaque wagon, un Juif sera chargé du maintien de l'ordre pendant la durée du voyage et de la propreté du wagon à la fin du trajet. Il faut dans chaque wagon, fournir un seau pour les besoins hygiéniques. "

Six convois partirent de Gurs vers le camp de Drancy. A partir d'août 1942, il y eut quatre convois de déportés et, aux mois de février et mars 1943, deux autres convois. Avant ces déportations, des gendarmes français encerclaient le camp et les internés désignés pour la déportation étaient rassemblés dans un îlot à part, dans des baraques séparées pour les familles et les célibataires. A ce moment aussi, les organisations d'assistance œuvrèrent pour apporter un soutien aux malheureux. "Le comité central d'assistance" distribua de la nourriture et le rabbinat donna des sommes d'argent à chaque chef de famille. D'assez nombreux internés choisirent de se joindre à leur conjoint désigné pour la déportation et ce faisant, donnèrent un répit,

Jacob Barosin
Le lendemain de la déportation.
Les femmes accourent de leurs baraques pour voir leurs maris.
Certaines les trouvent, d'autres pas...

même temporaire, aux autres. L'angoisse, l'hystérie, les disputes et les tentatives de suicide étaient courantes parmi les déportés. Le rabbin Ansbacher raconte :

"Il y avait là-bas un Juif, maladroit, impropre à tout, vraiment il n'y avait rien à en tirer... un jour, à l'époque des déportations, les gens étaient assis en cercle, et voici qu'un Juif est assis et pleure à chaudes larmes et demande qu'on lui accorde deux jours. Il était prêt à partir par le prochain convoi, à aller où on voudrait, mais quoi ? Cela faisait trois ans qu'il n'avait pas vu sa femme ni son fils et ils avaient annoncé qu'ils viendraient le lendemain. Parfois, certains se portaient volontaires pour partir avec leur famille vers la mort, mais lui, implora et supplia de voir sa femme et ensuite, il serait prêt à partir... Les gens étaient assis en cercle et dans une demi-heure, il devait partir. L'homme regarda autour de lui si quelqu'un était prêt à partir à sa place et personne ne se porta volontaire.

Le Juif bon à rien dit alors : "Je partirai, moi, à ta place. "

L'activité du groupe de jeunes filles "Ménora", qui avait commencé en hiver 1941 cessa en été 1942, quand les convois partirent du camp de Gurs vers les camps d'extermination.

De tout le groupe, seules trois filles survécurent.

Le rabbin Ansbacher parle de Marianne, la plus âgée du groupe "Ménora", réticente d'abord aux activités, mais qui plus tard assuma le rôle d'aide au comité central d'assistance et d'auxiliaire au rabbinat et participait aux discussions sur la Sidra de la semaine.

"Dans la première liste de ceux qui devaient quitter le camp, figuraient les noms de Marianne et de sa mère. Le jour de la déportation, on donna aux déportés une petite heure pour les adieux. Pendant toute cette matinée, nous faisions de notre mieux pour les aider. Je me suis joint à eux pour leur donner du courage et les réconforter. A une heure de l'après-midi, pendant leurs dernières minutes au camp, je me trouvais dans la baraque du rabbinat, complètement brisé.

La porte s'ouvrit et Marianne apparut. Je ne sais d'où elle avait réussi à se procurer du rouge à lèvres et le pull de couleur qu'elle portait. Elle avait l'air, comme on dit en yiddish "yomtovtik" (apprêtée pour la fête – NdT). J'ai dit : "Marianne ? Ici ? A ce point ?" et elle répondit la gorge serrée : "Oui, vous savez, je vois maintenant tous ces malheurs qui sont venus, cette horrible souffrance, mais je sais une chose : c'est le premier endroit que je quitte en pleurant" et elle s'en alla.

On ne nous permit pas de sortir de l'îlot. Je suis demeuré avec tous ceux qui restaient et nous les avons vus sur la route qui traversait le camp. Nous avons réussi à forcer le barrage de gardiens. Marianne partit et pendant tout ce temps, elle nous regardait sans cesser de sourire. "

Le rabbin Kapel était présent lors de cette déportation. Il écrit dans ses mémoires :

"Le transfert de Gurs à la gare d'Oloron Sainte-Marie commença à minuit et se termina à l'aube. Pendant toute la nuit, l'autobus fit la navette tandis qu'une pluie fine tombait sans cesse sur la région. Est-il possible d'oublier les cris de désespoir qui ressemblaient aux hurlements d'une bête blessée, que poussait un père vers sa fille de seize ans quand elle passa à côté de son îlot ? Le père restait tandis que la fille dont le nom était sur la liste de ceux qui allaient être déportés, marchait vers le véhicule à l'entrée du camp. A ce cri de terreur, la belle et charmante jeune fille aux cheveux blonds foncés répondit par un seul mot : "papa" et son cri se perdit dans le brouillard qui recouvrait d'une ombre de mort ce lieu d'abomination. Cette scène d'horreur me poursuit jusqu'à aujourd'hui. "

Parmi les documents et les papiers de Gurs que le Docteur Pinhas Rothschild rassembla dans les quelques années qui suivirent la Shoah, se trouve une feuille de papier signée par le Docteur Yitshak Eugène Netter, sur laquelle il écrivit :

"Au début de 1943, cinquante à soixante internés étaient rassemblés dans chaque baraque. Deux officiers arrivèrent et lurent des noms d'une liste. Mille quatre vingt personnes dont on avait lu les noms se sont mises d'un côté puis furent rassemblées dans la baraque de rassemblement avant leur déportation vers l'Est.

C'est à ce moment que dans l'une des baraques des femmes, survint l'incident suivant : au moment de la lecture des noms, les officiers prononcèrent le nom de "Anna Simon", mais sur le lieu de rassemblement se présenta une autre femme. Madame Simon resta dans la baraque des femmes et fut ainsi sauvée de la déportation. La femme qui s'était présentée à sa place de son propre gré avait entendu que son mari, qui se trouvait dans une des baraques des hommes, devait être déporté et elle voulait partager son sort. Je les ai rencontrés tous les deux plus tard, dans la baraque de rassemblement de ceux qui devaient être déportés vers l'Est. "

Les organismes d'assistance commencèrent immédiatement à tenter de sauver les gens, espérant faire usage de critères permettant une dérogation à la déportation. Souvent, le rabbin René Samuel Kapel réussit à introduire dans le camp de faux certificats pour faire sortir les internés. Après la première déportation, les tentatives de fuite augmentèrent et à l'extérieur du camp les fuyards furent aidés par les organisations clandestines et trouvèrent ainsi où se cacher en France. D'autres franchirent la chaîne montagneuse des Pyrénées et passèrent en Espagne.

Le rabbin Ansbacher fut lui aussi mêlé à des tentatives d'évasion, c'est pourquoi il fut emprisonné et déchu de son poste de rabbin. Son nom figura sur la liste des déportés et c'est la raison pour laquelle on décida qu'il fallait le faire évader du camp. Il réussit à franchir les Pyrénées et trouva refuge en Espagne.

Le Docteur Pinhas Rothschild et Max Ansbacher sortirent du camp grâce à des visas pour la Suisse. Arié Zuckerman s'échappa du camp, caché dans un cercueil grâce à l'aide d'un Français qu'il connaissait. Adèle Cantor, Yitshak Kremer, Benjamin Somer et Rafi Palto furent transférés, avant les déportations, vers d'autres camps. Lisa Fittko s'échappa dès 1940, passa en Espagne et s'activa à faire évader d'autres internés.

Le Docteur Yitshak Netter était parmi les rares qui eurent la permission de rester au camp de Gurs :

"Du fait des cas de mortalité, des transferts vers d'autres camps et des déportations, le nombre des internés de Gurs baissa au moins de mille. De ceux qui étaient venus de Bade et du Palatinat, il ne restait que

p. 113 **Fritz Schleifer**
Le cimetière, camp de Gurs, 1941

très peu de gens. Les baraques étaient vides, il n'y avait personne sur la route du camp. Les rares personnes restées au camp s'étaient installées dans les baraques qui s'étaient libérées et se rappelaient avec horreur les premiers jours de leur séjour au camp de Gurs. L'enfer monotone n'était plus si cauchemardesque, restaient la faim et les barbelés. "

En 1943, le Docteur Netter s'échappa du camp et trouva refuge dans une maison de retraite en France.

Epilogue

A la fin de la guerre, le Docteur Pinhas Rothschild retourna dans sa famille à Bruxelles et dirigea là-bas une maison d'enfants. Un jour, arriva un bel homme blond, jeune et grand, soldat de la brigade juive. Il venait examiner les besoins de l'institution et proposa l'aide des soldats de sa brigade pour retrouver les enfants cachés dans des couvents ou chez des parents adoptifs.

– Quel est votre nom ? demanda tout ému le Docteur Rothschild en le voyant.

– Shaul Netter, répondit le soldat.

– J'ai connu quelqu'un qui s'appelait le Docteur Eugène Netter, dit Rothschild.

– Est-ce qu'il vit encore ? demanda Shaul.

C'était le fils du Docteur Yitshak Eugène Netter qui était parti avant la guerre en terre d'Israël, s'était engagé dans l'armée britannique puis dans la brigade juive et avait débarqué en Europe. Shaul ne savait rien du destin de son père et ce n'est qu'après avoir vu sa mère à Mannheim, qu'il put savoir où celui-ci se trouvait. Ses parents immigrèrent en Israël et le rejoignirent au kibboutz Dégania. Plus tard, le Docteur Rothschild vint lui aussi s'installer en Israël. Là-bas, il entendit que Shaul Netter avait eu un fils et il lui envoya une lettre de vœux. Par retour de courrier, il reçut une lettre du Docteur Yitshak Netter lui annonçant une mauvaise nouvelle : trois mois après la naissance de son petit-fils, Shaul, son fils unique était tombé lors de la bataille de Dégania.

Shaul tomba le 9 Iyar, 18 mai 1948, alors qu'il se trouvait en avant-poste face aux forces syriennes, arrivées à la barrière du kibboutz.

Le Docteur Yitshak Eugène Netter qu'on appelait à Dégania, "grand-papa Netter", vécut longtemps et mourut le 24 Tichri, 8 octobre 1966, peu avant son quatre-vingt dixième anniversaire.

Beni (Benzion), le fils de Shaul et le petit-fils du Docteur Yitshak Netter, fut mobilisé dans l'armée d'Israël, Tsahal, et servit dans le Génie. Le 24 Adar, 21 mars 1968, il périt au cours de l'opération Karamé, à l'âge de vingt ans.

Au cimetière de Dégania se trouvent maintenant trois tombes, trois générations de Netter.

Harry Berkefeld
Camp de Gurs, mars 1940

Judith Shen-Dar

Victoire de l'esprit créatif, derrière les barbelés

A Gurs, nous faisions du théâtre,
Savez-vous ce que cela veut dire ?
Le monde s'embrumait derrière les barbelés,
Et nous, huit mille hommes et femmes,
Nous étions malheureux et déracinés.
Nous étions dans la plus grande détresse,
Oubliés, abandonnés, orphelins,
Serrés dans de sinistres baraques.
La tempête de la guerre soufflait au-dessus de nous,
Savez-vous ce que cela veut dire ?
Nous jouions pour rester en vie,
Personne ne sait exactement ce que cela veut dire.
Une tartine de pain pour Ibsen
Un œuf pour "Songe d'une nuit d'été"
Et peut-être une poignée de fleur de farine relevée de dédain.
Les nuits glacées, nous répétions,
Affamés jusqu'à épuisement,
Nous chantions, dansions, pleurions et riions,
Nous apportions la joie, le rayonnement, la vie
A des milliers de spectateurs.
Vous n'avez pas idée de ce que cela veut dire,
Nous donnions de l'espoir à des milliers de désespérés,
Nous insufflions le courage, nous faisions revivre l'espoir et la foi.
Toutes les misères de l'humanité
Nous les avons expérimentées, mais nous faisions du théâtre...
Pensez à ce que cela veut dire".

Heine Wolfisch, interné au camp de Gurs

Jacob Barosin
Leibowitz, chef d'orchestre
aux Folies Bergères de Paris, Gurs

Derrière les barbelés du camp de Gurs aux pieds des Pyrénées, s'est miraculeusement développée à partir de rien, une immense et trépidante activité culturelle. Là-bas, dans ce lieu où des milliers de Juifs étaient privés de liberté, là-bas, dans cet endroit où on les avait amenés contre leur volonté, du cœur de la vie culturelle et de la liberté qu'ils avaient en France, en Belgique ou en Allemagne. S'agit-il vraiment d'une création à partir de rien ? Parmi les nombreux arrivants à Gurs, en automne 1940, il y avait bon nombre de musiciens, d'acteurs, d'artistes de cabaret, de peintres et de graphistes. Comment cela se fait-il ? Paris des années trente attirait tous ceux qui touchaient à un quelconque domaine artistique. Les ateliers de la ville étaient remplis d'immigrés de toute l'Europe. De nombreux Juifs avaient quitté leurs villages en Europe de l'Est pour participer à l'avant-garde européenne. En plus, étaient arrivés au début de 1933 dans l'arène artistique parisienne, de nombreux réfugiés, des intellectuels juifs allemands qui avaient fui l'Allemagne au moment de la prise du pouvoir par les nazis. Quand les hordes nazies conquirent la capitale artistique mondiale, ceux qui n'avaient pas la nationalité française furent parmi les premiers à se retrouver dans le tourbillon de la guerre et ils furent enfermés dans des camps d'internement dans le Sud de la France. Il n'est donc pas étonnant que le nombre d'artistes fût si important parmi les habitants du camp. "De l'obscurité, du froid et de la faim est tout de suite née une forte opposition spirituelle qui représente sans aucun doute une victoire de l'esprit créatif". Dans ses mémoires, Hanna Shramm décrit ainsi ce qui est arrivé quand ils se retrouvèrent ensemble dans ce lieu. Chaque concert, chaque danse ou chaque représentation de théâtre faisait oublier, même si ce n'était que pour un moment, le sentiment d'impuissance et de solitude. Ici, à l'ombre de la création artistique, l'individu pouvait sentir qu'il faisait partie d'une communauté qui a un destin commun et un espoir, celui de ne pas perdre son humanité. L'art n'était qu'une manière parmi d'autres de réaliser ce souhait, tant du point de vue des artistes que de celui des spectateurs.

A partir de l'automne 1940, quand arriva au camp un groupe de prisonniers évacués du camp de Saint-Cyprien qui avait été inondé, l'activité culturelle commença à prendre des proportions dignes d'une organisation établie. Avec l'aide de ceux qui venaient d'arriver, le camp de Gurs devint vite une entité bouillonnante où se déroulaient des activités culturelles, où il y avait une aide sociale, où se tenaient des services religieux et des prières en commun. Tout cela, malgré les conditions physiques très dures qui y régnaient, le froid, la boue, la faim et le manque de conditions sanitaires minimales. Nous trouvons un témoignage de la variété des activités culturelles et de leur ampleur dans les mémoires des prisonniers du camp de Gurs, qui leur ont réservé une place notoire. A partir de l'hiver 1940, une baraque de chaque îlot fut libérée pour servir de centre culturel où il y avait une scène pour les artistes et des bancs pour le public.

Là, on écoutait surtout des conférences et on écoutait de la musique classique. Le fait de réserver dans chaque îlot, une baraque pour l'activité culturelle, prouve l'intensité de cette dernière dans le camp. La culture exigeait une place physique fixe pour pouvoir servir les grands besoins des différents artistes et du public qui avait soif d'une heure de répit dans la grisaille quotidienne. Il semble que la musique ait eu une place particulière dans la vie culturelle. Les instruments de concert furent amenés d'au-delà des barbelés, prêtés par les municipalités voisines grâce aux diverses organisations d'assistance qui œuvraient dans le camp. Les musiciens disposaient d'instruments à vent,

Léo Breuer
Camp de Gurs, 1941

d'instruments à corde et même de pianos. "Dans une des baraques de la culture du camp des femmes est même arrivé un piano à queue, sur lequel tout le monde commença à jouer, y compris ceux qui n'y étaient pas exercés, au point qu'il fallut organiser une "garde pour le piano battu", écrit dans ses mémoires une des internées. Le besoin de toucher réellement quelque chose "de là-bas", du monde d'au-delà des barbelés, fusse un instrument de musique comme un piano à queue, obligea à en limiter l'accès pour de nombreuses personnes qui désiraient se souvenir du goût du monde qu'elles avaient dû laisser derrière elles. Des écrits, il ressort clairement que la vie culturelle du camp n'était pas seulement vitale pour les artistes professionnels qui se trouvaient parmi les internés mais bien pour l'ensemble des prisonniers. Les jeunes filles de "Menora" également, ont préparé sous leur propre initiative et avec l'aide d'artistes du camp, une représentation de chants yiddish et hébreux. Le rabbin Yehuda Ansbacher raconte: "Elles se produisirent devant trois cents personnes qui étaient émues jusqu'aux larmes. Sur ma demande, les jeunes filles se produisirent devant des vieux, des Juifs faibles et des mourants. Ainsi, le groupe "Ménora" répandit la lumière dans tout le camp". Le chef d'orchestre, de l'orchestre qui s'était formé au camp, avait des partitions qu'on lui apportait de l'extérieur et ainsi s'échappaient plusieurs fois par semaine des baraques de culture éparpillées dans les différents îlots, des sons de musique classique. Parmi les musiciens, il y en avait de célèbres comme le violoniste Fritz Bronner, premier violon de l'orchestre de Vienne et Hans Avke, qui jouait de l'orgue à la cathédrale de Strasbourg et avait organisé au camp une chorale où chantaient des chanteurs professionnels. Les billets d'entrée pour les concerts étaient très demandés et ils étaient vendus aux internés pour une somme dérisoire qui servait à l'entraide et à la location d'instruments supplémentaires.

La routine de la vie oisive et sans but se rompait plusieurs soirées par semaine. Pour le plus grand plaisir des prisonniers du camp, était proposé un éventail de spectacles, parmi lesquels ni le théâtre ni les spectacles de cabaret, œuvre de prisonniers du camp, n'étaient négligés. Ces spectacles se tenaient sur une scène improvisée sur laquelle se dressaient les décors amusants de deux artistes du camp, Kurt Loew et Karl Bodek. Dans ses mémoires, Hanna Shramm rapporte : "C'est eux qui dessinaient les affiches et les invitations. On leur demandait aussi de dessiner des cartes de vœux pour des événements particuliers, qu'il fallait commander des semaines à l'avance pour les recevoir". Ceci est un témoignage supplémentaire de l'art populaire qui se développa à côté de l'œuvre artistique à caractère professionnel, dans les limites existantes de lieu et de temps et qui remplit un rôle très important dans la vie des internés.

Des listes d'internés qui se trouvent dans différentes archives, il s'avère que parmi les prisonniers du camp, se trouvaient de nombreux artistes peintres. Le foisonnement de création était tel qu'au printemps 1941, se tint une exposition de tableaux, de sculptures et de travaux de graphisme appliqué, dont les participants furent soigneusement choisis par un comité d'appréciation et par différentes organisations d'assistance qui s'activaient dans le camp et fournissaient les matériaux de dessin, les toiles, les pinceaux, les couleurs et les papiers. Cette exposition se tint dans la baraque de la culture d'un des îlots du camp des hommes. Etant donné que les murs de la baraque ne suffisaient pas à accrocher tous les travaux, on dut ajouter des cloisons. La vie du camp s'exprime dans toutes les œuvres. En été 1941, eut lieu une seconde exposition où tous les arts eurent leur place. Outre les nombreux artistes arrivés au camp après une carrière professionnelle reconnue, comme Osias Hofstatter, Karl Schwesig, Leo Breuer, Kolos Vari Sigismond et d'autres, prirent également part à cette activité artistique des artistes et des artisans amateurs. Ceux-ci firent différents objets pour décorer les baraques et améliorer les conditions de vie. Ainsi, ils firent des lampes, des miroirs à cadre en bois sculpté, des bijoux, des boutons de couleurs. Cette exposition d'arts et métiers fut encore plus importante que la première, elle se tint dans les baraques de culture de trois îlots et vinrent la visiter, des acheteurs des villages des environs.

Les tableaux et les dessins reproduits à travers les pages des articles de ce livre et ceux accompagnant les fac-similés de la Haggadah de Gurs de Pessah 1941, permettent au lecteur d'avoir un aperçu du monde artistique qui s'était élaboré au camp. Curieusement, la réalité est décrite dans tout son dénuement, malgré la censure exercée par les autorités. Le choix de nombreux artistes de décrire la réalité du camp par des moyens très sobres, monochromes en noir et blanc, ne venait pas de leur pénurie de couleurs. Au contraire, cela reflète fidèlement leur sentiment subjectif selon lequel leur monde était monotone et monochrome.

Seuls les sommets enneigés des Pyrénées, qu'on aperçoit à l'horizon des tableaux de Leo Breuer, Schleifer, Hofstatter, Barosin et Berkefeld, rappellent qu'il existe un autre monde plein de beauté et de splendeur. La nature constitue le seul point de lumière et de couleur dans un monde triste et gris. Cependant, la nature si proche est hors de portée des résidents du camp. Les barbelés qui "trônent" dans les tableaux de Breuer, Schleifer, Barosin, Kolos Vari Sigismond et Hofstatter, sont la cloison physique qui sépare nettement l'intérieur de l'extérieur, ceux qui peuvent se mouvoir librement et ceux qui sont privés de liberté. Pour ceux qui devaient rester à l'intérieur, il ne restait plus qu'à se consoler en compagnie de ceux qui partageaient leur sort, personnages anonymes qui marchent ou se rassemblent entre les baraques du camp, sur la terre marécageuse. La lourde boue brune est présente dans tous les croquis et elle laissa d'ailleurs un souvenir inoubliable dans la mémoire des internés.

Pessah 1941 au camp de Gurs fut chargé de signification symbolique. Pour faire le Séder selon les règles, le rabbin Yéhuda Léo Ansbacher fit ce qu'il fallait afin de produire une Haggadah pour les milliers de personnes qui avaient demandé à célébrer la fête. Il se fit aider par Arié Zuckermann qui grava dans la cire, de mémoire, les lettres hébraïques du texte de la Haggadah. Cette technique permit de polycopier la Haggadah en autant d'exemplaires qu'on voulait pour tous ceux qui voulaient participer au Séder. La sobriété de la Haggadah, le manque de solennité dans la mise en page du texte, reflètent fidèlement les difficultés de sa parution. Le dessin original en couleur, fait à la peinture à l'eau, qui ne fut adjoint qu'aux exemplaires les plus "luxueux", est en complète contradiction avec le cadre sobre du texte.

Dans le dessin, œuvre de l'artiste Fritz Schleifer, (voir page 24), le rassemblement ressemble à celui qui se tint devant le Mont Sinaï, événement solennel et majestueux, réunissant de nombreux participants. Le rabbin Léo Ansbacher se tient au sommet d'une colline, sur une estrade de prière décorée d'un Maguen David où il fait son sermon. A cause de la perspective choisie par l'artiste, cette colline semble même plus élevée que les sommets des Pyrénées de l'arrière-fond. La disproportion entre le rabbin, placé au sommet du monticule, et les barrières de fils de fer barbelés, devenues minuscules, traduit concrètement la sensation d'élévation spirituelle qui accompagna cet événement. Nul doute que le peintre ne décrive ici le rabbin Ansbacher comme un chef spirituel suprême, tel Moïse au Mont Sinaï. Il se peut également que l'artiste ait voulu nous transmettre le désir de nombreux prisonniers de croire au pouvoir d'un chef spirituel apte à les faire passer de l'état d'esclavage à celui de liberté, comme l'avait fait Moïse en son temps pour le peuple d'Israël.

L'histoire de la Haggadah de Pessah de Gurs a un épilogue intéressant. Les internés du camp racontent que cette Haggadah fut envoyée à des parents et des amis en dehors du camp. Ces brochures furent envoyées avec des illustrations décrivant le camp de Gurs, les Pyrénées trônant en arrière-plan. Ces petits dessins, sortes de timbres, furent dessinés par le peintre non-juif, Karl Schwesig, qui fut interné au camp à cause de son appartenance au parti communiste. Par ces illustrations, il voulait attirer l'attention des Français sur les mauvaises conditions du camp. Dans ses mémoires, Schwesig raconte que les feuillets de timbres français avaient un cadre blanc, appelé par les collectionneurs "marge". Schwesig utilisait cette surface blanche pour ses illustrations et celles-ci connurent immédiatement un succès extraordinaire parmi les internés, qui commencèrent à les collectionner. En échange de ces illustrations, il prenait des sommes dérisoires qui firent de lui l'interné le plus riche parmi ses pairs miséreux. Les dessins originaux se trouvent aux archives de l'Institut Léo Baeck à New York. Etant donné que les dessins figuraient sur le même papier que les timbres, ils ne furent pas "découverts" par les autorités du camp. Plus tard, on trouva une lettre du directeur du camp à ses supérieurs, où il écrit que les symboles de la fête de Pessah sont tout à fait compréhensibles pour lui, notamment la signification de la liberté dans le récit de la sortie d'Egypte. C'est pourquoi, dit-il, la parution de la Haggadah constitue un acte de propagande dont il faut punir les instigateurs !

Le peintre Fritz Schleifer fut parmi ceux qui furent déportés à Drancy en août 1942. Il mourut quelques mois plus tard à Auschwitz. Le destin voulut que la collection d'œuvres d'art du musée de Yad Vashem comprennent deux tableaux de lui. L'un est le dessin de la prière de Pessah 1941 et l'autre, un regard sur le cimetière juif près du camp, ceci alors que lui-même ne put jouir ni de la liberté ni d'une sépulture.

Il faut ajouter qu'un autre tableau de Fritz Schleifer se trouve aux archives du Centre de Documentation Juive Contemporaine à Paris. Le sujet de ce tableau est également une fête juive. Il décrit l'intérieur d'une des synagogues du camp et porte le titre de: "Camp de Gurs, Synagogue de l'îlot F, Roch Hachana 5702".

A l'arrivée des hommes aux uniformes noirs, la peur et la terreur s'empara du camp de Gurs. Il n'était plus possible de seulement songer à des initiatives artistiques. Après les premiers transports, Bruner et Laval (nom de deux musiciens juifs internés à Gurs. NdE) donnèrent des concerts, mais uniquement des concerts de musique pesante et les chanteuses ne chantaient que sur ordre du commandant du camp. Les muses s'étaient tues à Gurs en 1942.

La musique se tut, les pièces de théâtre s'arrêtèrent et les peintres aussi cessèrent sans doute de créer. Mais les peintures et les dessins ont leur propre vie et nombre d'entre eux survécurent miraculeusement. Quelques dizaines sont conservés au musée d'art de Yad Vashem et témoignent de la victoire de l'esprit.

Jeanne Sigée

La Sortie de Gurs

Mère est sortie de Gurs.

La barrière s'est levée, elle est sortie, elle est retournée dans le monde hors camp de concentration. A la dislocation du camp de Rivesaltes, où nous avions été internés, père fut envoyé dans un camp de travail du Puy-de-Dôme, mère fut transférée à Gurs, auparavant, ma sœur et moi avions encore bénéficié d'une libération due à notre jeune âge et notre nationalité.

Quand, certainement munie d'une autorisation administrative, j'étais venue voir mère à Gurs avant sa libération, la barrière, que le souvenir restitue identique à celle d'un passage à niveau, était restée baissée entre nous, seules, semblait-il, sous l'infini du ciel, elle d'un côté à l'entrée du camp qui s'étendait illimité derrière, moi, de l'autre, sur la route qui se perdait à l'horizon.

Mère a franchi la barrière.

Peut-être avait-elle pendant le voyage qui l'amenait vers nous cet air légèrement égaré avec lequel, à une époque plus récente, elle était venue demander chez une voisine, ne nous trouvant pas: "Où sont mes filles?". Entre les retrouvailles à venir, la crainte d'une arrestation toujours possible, l'angoisse ne l'écartelait-elle pas jusqu'à l'égarement ? Mais, comme tout au long de sa vie, elle devait se tenir droite, avec des gestes vifs, nets, précis pour acheter le billet de chemin de fer, le donner à poinçonner. Elle était sortie de Gurs, la barrière était derrière, elle ne s'est pas retournée en arrière.

Elle ne se retournait jamais en arrière. Alors que, bien plus tard, je l'interrogeais à propos d'une décision qui impliquait soit réactivation d'accords antérieurs soit accords nouveaux, elle me dit: "Il ne faut jamais retourner en arrière". En elle, née au mois de Nissan – avril, s'incarnait la saison de Pessah, l'arrachement aux hivers de l'Egypte. Montée des sèves printanières, gaieté des chants d'oiseaux, tout au long de sa vie une fraîcheur de cœur et de regard la conduisait à jouer avec les enfants, les chats, les chiens, aux osselets où la beauté et l'adresse de ses mains forçaient l'admiration. Cette vigueur, elle ne la tenait pas d'une constitution particulièrement robuste, mais de son sens du devoir, de la foi qui la soutenait, la foi qui arrache à l'Egypte. La pensée se transmet par la parole, orale, écrite, elle se transmet aussi par l'exemple dans le passage à l'acte. En suivant les étapes du parcours de mère depuis sa sortie de Gurs, je reconstitue et m'efforce de transcrire, de transmettre, la façon dont elle se souvenait du jour de sa sortie d'Egypte tous les jours de sa vie.

Mère était aussi sortie de Gurs, elle en avait franchi la barrière que le souvenir restitue identique à celle d'un passage à niveau. Peu après ma naissance, racontait-elle, la fourgonnette de père était entrée en collision avec un train à un passage à niveau dont la barrière n'avait pas été baissée. Perdant connaissance et croyant mourir, elle s'affligeait à la vision de la petite orpheline qui serait élevée par des étrangers. Peu avant de mourir vraiment, à un âge avancé, elle s'affligeait encore à la pensée d'avoir à abandonner des orphelines. Sur le moment, sa réflexion m'avait fait rire, vu son âge et le nôtre. Le recul a figé le rire. A l'évidence, la vision d'orphelins abandonnés a dû hanter toute sa vie, reflet certes d'une époque où la mortalité frappait tôt, reflet surtout, jusqu'au tréfonds de la conscience, de la violence permanente qui pesait sur les Juifs en Pologne dont elle rapportait en exemple l'agression subie par mon grand-père dans un cimetière, celle dont elle-même avait été victime dans la rue vers douze ans qui l'avait ramenée le bras blessé par du verre, perdant le sang.

Avec la montée du fascisme, elle avait souhaité émigrer dans la Palestine de l'époque, elle m'en parla encore peu avant de nous quitter. Père, n'y avait pas été opposé, il était comme elle sioniste, mais avait jugé l'heure prématurée. Les troupes allemandes précédèrent sa décision. Le 10 mai 1940, les avions allemands tournoyaient au-dessus des toits. Nous habitions alors Liège, le quartier "Outremeuse" sur la rive droite de la Meuse dont la destruction des ponts, en vue de retarder l'avance allemande, était annoncée. Il fallait, comme à la sortie d'Egypte, se hâter sous peine de rester bloqué, abandonner la vaste maison pleine de la cave au grenier, emporter seulement l'indispensable qui pouvait entrer, en plus de nous quatre, dans la voiture. La grande Ford de père nous emmena dans l'exode.

Une halte nous permit de souffler à Mazamet, dans le Tarn, où l'accent du Midi, entendu pour la première fois, résonnait comme une langue étrangère. L'avance allemande continuait. La grande Ford nous emmena jusqu'à Marseille où mes parents espéraient obtenir un visa pour quitter la France. Pendant deux ans la vie de nos parents s'y déroula identique à celle décrite par Anna Seghers dans le roman "Transit", jusqu'au lieu où nous résidions. A la poursuite d'un visa d'accueil quelque part et d'un visa de sortie pour s'y rendre, conciliabules et tuyaux s'échangeaient dans un square proche de la poste centrale, derrière la Bourse. Entre temps, la police vint arrêter dans leur chambre de notre hôtel, rue de la Providence (!), Noémi Laub, ma très chère amie et sa mère, originaires d'Anvers, qui avaient conservé la nationalité polonaise. A l'époque étaient encore de mise les promesses de se revoir "Après la guerre". Nul ne pouvait imaginer les processus en cours que nulle providence ne venait arrêter. Cette méconnaissance totale des faits incitait certains, qui avaient épuisé leurs moyens de subsistance, à se présenter volontairement à la police. Les bruits évoquaient des "camps de travail". Un couple de Liège, le mari grand et mince, la femme petite, charmante, antérieurement habile couturière, avaient ainsi dit à mes parents, avec un "Au revoir" resté sans suite, qu'ils n'avaient plus d'autre choix.

Tout autre espoir perdu la décision fut prise de franchir en fraude une frontière, mes parents choisirent d'aller vers la Suisse. A la dernière gare française, les gendarmes nous attendaient. Les barrières, identiques ou non à celles d'un passage à niveau, restaient baissées. Il faisait nuit. Peut-être avons-nous été dénoncés par l'organisateur du voyage, un Polonais d'une trentaine d'années, de belle prestance, qui allait épouser la fille d'un agent de change. Une rumeur à son propos après la libération rend le fait vraisemblable, sans plus.

Après notre arrestation père fut dépouillé de tout ce qu'il portait. Je vois encore son effondrement. Père et mère n'avaient hérité que d'une force de travail inépuisable. Mère le réconfortait. Peut-être cette épreuve suscita-t-elle sa recommandation alors que je m'interrogeais sur les risques budgétaires importants d'un projet culturel. "Il ne faut jamais pleurer pour de l'argent, me dit-elle, l'argent, ça va, ça vient." Elle nous avait appris, antérieurement, qu'un aïeul, dont la famille se glorifiait, disait n'avoir jamais touché d'argent de sa vie, parce que c'était sale.

Tandis que père était gardé au poste, l'un des gendarmes nous fit conduire, mère, ma sœur et moi, chez lui où sa femme nous abandonna le haut lit conjugal en bois sombre. De la conversation entre elle et mère, entrecoupée de pleurs de part et d'autre, j'ai gardé le souvenir du désarroi de cette femme. Ils recevaient des ordres qu'ils ne comprenaient pas, disait-elle, qui les perturbaient au plus haut point et ne laissaient le choix qu'entre exécution ou désertion.

Des décennies plus tard, une page des "Mémoires d'Outre-Tombe" réveilla le souvenir de cette nuit. Chateaubriand, arrêté, refuse d'écouter les lamentations de la femme du geôlier, il condamne avec colère leur lâcheté et rejette leur commisération. Pour ma part, je reste dubitative. Nul en France à l'époque, à ces niveaux subalternes, ne pouvait avoir connaissance précise des faits ni même les imaginer. Bien plus, comme nous devions le découvrir ultérieurement, derrière l'exécution d'un service plus ou moins régulier certains, y compris dans la gendarmerie, avaient rejoint, allaient rejoindre la Résistance. Ainsi fûmes-nous prévenues d'avoir à nous cacher, le passage de troupes allemandes dans la région étant annoncé, par un gendarme, chef du poste de la bourgade voisine sauf erreur de mémoire. Il mourut fusillé par les Allemands. Se trouver en France à l'époque de la Shoah imposait ces considérations : un espace cerné et découpé de barrières partout baissées, gardées, un pouvoir qui dépassait en horreur, plutôt qu'il n'égalait, celui de Pharaon, une population parmi laquelle agissaient nombre de Justes fidèles à leurs convictions.

Nous quittâmes les Alpes pour les Pyrénées, au camp de Rivesaltes exposé en permanence à un mauvais vent, où des Espagnols, républicains réfugiés, internés depuis longtemps, semblaient s'être plus ou moins adaptés. Un savoir immédiat, produit certainement d'une expérience obscurément accumulée au cours des générations, incita mère, immédiatement, puis de façon continue, à insister sur la propreté corporelle à préserver. Il fallait, en dépit du froid, du vent, des conditions dans lesquelles s'effectuaient les ablutions, se laver entièrement tous les jours. La direction du camp, à Rivesaltes ou Gurs, je ne sais plus, lui avait imposé la responsabilité de chef de baraque. Elle avait refusé de répondre après la fuite d'une détenue, m'avait-elle raconté à l'une de mes visites. Elle avait aussi observé que cesser de se laver régulièrement constituait l'un des premiers signes d'abandon.

Avant de la revoir, je rencontrai père, d'abord au camp de travail du Puy-de-Dôme, puis à Grenoble. C'est à lui, à mère, que je dois d'avoir compris, d'abord obscurément, que l'être d'un couple uni dépasse l'homme et la femme qui le composent. Mère avait parfois ce mot: "L'amour vient après" dont je ne saisissais pas, au début, la portée. Plus tard j'ai reconnu l'accession à une qualité d'amour purifié, en quelque sorte éternel, où le choix de la fidélité confirme en permanence la destination initiale. A la veille d'une journée décisive pour les conditions de notre survie dans l'immédiat après-guerre, mère qui racontait volontiers ses rêves d'une charge symbolique surprenante avait vu père lui apporter la carpe des jours de fête sur son plat. Il annonçait donc qu'il franchirait l'épreuve avec elle. Peu de temps avant de disparaître, elle l'avait vu venir, lui demander si elle le reconnaissait, toujours en yiddish leur langue maternelle à tous deux. Ils s'étaient trouvés ensemble pour la dernière fois à Rivesaltes, plus d'un demi-siècle auparavant. Leur amour se lit de façon éclatante sur une photo d'avant ma naissance. Leur bonheur devait conserver la part d'émerveillement que mère, arrivée dans le pays depuis peu auprès de père, éprouvait à pouvoir marcher dans les rues sans risque de se faire injurier ou agresser, comme en Pologne.

Cet amour indestructible que père portait à son épouse, il le portait aussi intense à ses enfants. Lorsqu'il ouvrit la porte de la vaste salle où nous nous tenions ma sœur et moi à Albas dans le Lot, il venait de parcourir à pied plusieurs dizaines de kilomètres pour arriver plus tôt, sans attendre l'autobus. Ma sœur ne l'a plus revu après cette visite, elle avait dix ans. Je le vis pour la dernière fois à Grenoble dont une seule scène brève me reste. Nous marchons sous le ciel clair d'une journée ensoleillée d'hiver. Il fait froid. Tout d'un coup père enlève son loden gris foncé, me le met sur les épaules. Je le vois encore à mon côté en complet veston. Moi j'avais doublement chaud. Après Grenoble, je ne l'ai plus revu, j'avais treize ans.

A travers l'évocation des figures lumineuses de père et de mère, destinés l'un à l'autre à tous les niveaux depuis le quartier de leur enfance, se lit l'empreinte de l'univers dont ils étaient issus. Lors d'une intervention à un colloque, le philosophe Emmanuel Levinas s'était écrié, à propos des communautés disparues d'Europe orientale: "Le monde n'a pas mérité cette pureté!". De la communauté dont père et mère provenaient, de cet univers, il ne reste rien. A l'époque, là où nous nous trouvions, nul n'aurait pu seulement imaginer ce qui déjà se déroulait à Varsovie.

Le loden de père m'a peut-être protégée jusqu'à ce jour. Au retour, un soldat allemand venu contrôler les voyageurs dans le train, à la ligne de démarcation entre deux zones de régulation différente, me réveilla. Je n'avais qu'un certificat d'identité véridique: "fille de Goldberszt Moïse et de Horenblas Rebecca, épouse Goldberszt". Je le sortis et restai calme. Le soldat contrôla le reste du compartiment et partit.

Père m'avait enjoint, en un lieu et un moment que je ne parviens plus à localiser: "Occupe-toi de ta mère". Comment cette injonction m'a-t-elle fait découvrir la marche à suivre pour sa libération? Je ne sais plus. Elle m'a fait découvrir, en tout cas, cette France qui, sous la chape de l'occupant et de ses collaborateurs, perpétuait l'attachement à des valeurs humanistes. Quand j'allai voir père au camp du Puy-de-Dôme, j'y arrivai de nuit, en marchant par les routes enneigées depuis la ville voisine terminus des transports locaux. La chaleur de l'accueil, l'attention qui m'entoura réveillèrent des impressions d'un autre âge. Les informations circulaient dans un souci de solidarité. Père avait dû en obtenir des responsables du camp que tout opposait à ceux de Rivesaltes et Gurs, cernés de barrières, découpés de barbelés, dont les fonctionnaires français se comportaient bien en préposés de camp de concentration, camp de déportation, en temps de guerre. Peut-être m'apprit-on auprès de père qu'un certificat d'hébergement accrédité par la préfecture, règle courante de l'administration française, ouvrait la possibilité de cette libération.

Nos propriétaires dans le village d'Albas où mère viendrait nous rejoindre, ont dû signer un tel certificat d'hébergement. Ils ont pu également me guider grâce à leurs relations dans le département. Le père, invalide de la Grande Guerre, et le fils assuraient la liaison par autobus entre le village d'Albas et Cahors le chef-lieu du département. Chez eux, tous les soirs, portes et fenêtres fermées, "Les Français parl(ai)ent aux Français" depuis Londres. Chez eux, comme chez nous, la foi absolue en la victoire finale ne se démentit jamais. Des diverses démarches, une scène à la préfecture de Cahors m'est restée à tout jamais en mémoire. Deux fonctionnaires, l'un assis tête baissée, l'autre debout, se tenant à distance derrière le panneau surmonté d'une tablette les protégeant, m'écoutaient en silence. Pour je ne sais quelle raison, peut-être m'étais-je mise à pleurer, j'avais au maximum quatorze ans, celui qui était debout, resté distant me dit: " On vous la rendra votre mère". L'affirmation attestait le maintien d'un monde où les relations humaines échappaient aux catégories imposées par le régime nazi et ses collaborateurs, où la vie pouvait suivre son cours. La promesse fut suivie d'effet. Après le retour de mère libérée, nous sommes allées

Photo de Moïse Goldberszt et Rébecca Horenblas
en 1926, envoyée en Palestine à Abraham Goldberszt.
Une des seules photos du jeune couple restant de cette époque.

présenter nos remerciements et, par la suite, nous avons même été accueillies au domicile privé du haut responsable des services.

Ainsi pendant toute l'occupation a survécu, en certains lieux, certains milieux, ce qu'il est permis d'appeler l'esprit de la République. Des particuliers, des fonctionnaires en poste ont contribué à la libération de mère, songé à notre sécurité à un moment de grave danger, des enseignants de l'école publique ont eu à cœur de me faire poursuivre, envers et contre tout, un degré minimum d'études. Mon professeur de français et latin, du lycée Longchamp à Marseille, jeune femme de haute taille, belle, élégante, épouse d'un officier de marine disparu dans le sabordage de la flotte à Toulon, tint à me donner des cours par correspondance. Pendant les deux années que je passai au lycée, tout le corps enseignant, y compris la directrice, me témoigna en permanence une attention, une sympathie qui ne se départit jamais. J'étais reçue chez quelques amies de classe, dont la fille d'un haut fonctionnaire du Port qui me rapporta ce mot d'une de nos condisciples: " Elle est juive mais pour les devoirs de latin on peut lui demander". Au village d'Albas, comme j'avais dépassé l'âge et le niveau de ses classes, l'institutrice m'ouvrit sa riche bibliothèque. Dans une école religieuse de la bourgade voisine j'obtins un diplôme professionnel qui me fit trouver du travail, dès la guerre terminée. Une qualité de relations humaines se perpétuait, en particulier dans les régions où la Résistance était active comme ce fut le cas dans le département. Je ne peux m'empêcher de discerner dans l'ensemble de ces faits les fruits lointains des enseignements qu'allait inaugurer la sortie d'Egypte, germés parmi les nations.

Pour le retour de mère, nous nous étions efforcées, ma sœur et moi, de bien nettoyer la maison. Nous lui montrâmes le rez-de-chaussée occupé tout entier par une grande cuisine et à l'étage la chambre à deux lits, l'un pour elle, l'autre pour nous. La fenêtre ouvrait sur le cours du Lot et la campagne, un paysage harmonieux, apaisant. Elle prit ma – alors petite – sœur près d'elle et regarda sa tête. Des poux attestaient sa fréquentation de l'école. Dans notre lit à nous deux, il y avait des punaises. Combien de temps lui fallut-il pour que la maison brillât, que ne restât ni pou ni punaise? Je vois encore lit et matelas dressés des deux côtés d'une coupe où se consumait je ne sais quel fumigène.

Mère apprit où trouver dans les fermes légumes, fruits, volailles, produits laitiers. Comment parvint-elle rapidement à couvrir nos dépenses par son travail de couture ? Je ne sais plus. Comment cette citadine jusqu'au bout de ses ongles en amande soigneusement taillés, réussit-elle à nous créer en pleine campagne un abri confortable, bien pourvu de nourriture, protégé, j'en reste encore ébahie. Nos propriétaires encore ont dû y jouer un rôle, notamment l'épouse qui venait bavarder chez nous presque tous les soirs, par qui nous apprenions ce qui se passait. Encore fallait-il en tirer parti et s'y prendre habilement comme mère y excella.

Mère était sortie de Gurs mais sortir de Gurs n'était pas sortir d'Egypte. A l'époque en France, sortir d'un camp ne garantissait pas qu'on avait échappé définitivement au danger, omniprésent. Contrôles, délations, tout pouvait arriver, tout est arrivé, y compris dans les campagnes éloignées des grands axes. L'arrestation d'amis, en pleine campagne d'un département voisin, nous l'a appris. Mais dans le département où nous étions réfugiées, l'esprit public demeurait largement attaché à la tradition républicaine, à un humanisme de pensée et d'action. En ce sens, nous fûmes privilégiées et sommes reparties pour la Belgique chargées d'illusions.

La difficulté de s'exprimer des survivants de la Shoah a souvent été soulignée. La libération, le retour à une vie "normale" ne conduisaient pas à la joie d'une résurrection mais, selon les cas, à la confirmation ou la révélation d'un mal absolu. L'étendue des pertes en personnes n'a pu s'apprécier que progressivement, à mesure qu'arrivaient les informations et que l'esprit, non préparé au changement d'échelle quantitative et qualitative dans l'horreur, parvenait à saisir la réalité de l'inconcevable. Un documentaire sur le procès des criminels de guerre à Tokyo montre la stupeur des juges, dont un Américain s'écroule en pleurs, à la présentation filmée des camps de la mort en Europe. L'histoire d'Europe s'est développée à travers les guerres, les images de guerre – le "fléau" de la guerre, selon l'expression de l'école – sommeillent nécessairement dans les couches cérébrales profondes de tout enfant, entretenues par les écrans grands et petits. L'esprit était préparé à recevoir l'information de destructions massives en personnes et en biens dues à ce "fléau". L'esprit n'était pas prêt à entendre la vérité sur la Shoah. Saisir la réalité de la Shoah modifie texture et profondeur de toute réalité. Saisir la réalité de la Shoah, la multiplicité de ses aspects, de ses implications, exigeait, exige toujours, un saut de l'esprit, le passage à un autre ordre de critères qui macule jusqu'à la vie quotidienne. En ce sens, c'était bien d'une révélation qu'il s'agissait. La première réaction suscitée n'était pas d'horreur, de douleur, mais de stupeur. L'esprit était sidéré.

C'est lors de Yom Kippour 1945 qu'eut lieu, entre autres pour moi, cette révélation. Les nouvelles parvenues par bribes ne permettaient pas encore de mesurer l'échelle des faits et la disparition de père ne paraissait pas encore inéluctable. La synagogue de Liège était comble en raison du nombre de soldats américains présents. Il me semble que personne ne sortit avant Yizkor. Un rabbin survivant venu d'Allemagne dressa un tableau en guise de sermon. La stupeur frappa l'assistance, la laissant un instant muette, incrédule. Mais plus aucune fuite n'était possible, y compris hors de la synagogue, la Shoah avait eu lieu. La vision du monde, de l'Histoire, des hommes s'en trouvait modifiée.

"Seigneur, qu'est-ce que l'homme que tu t'en soucies?" interroge le Psalmiste. Interrogé sur sa foi, père répondait: "Je crois en l'Homme". Bon, droit, l'esprit ouvert et tolérant, il illustrait cette figure de l'Homme, legs de l'optimisme historique des Lumières dont la Shoah, qui l'a emporté, allait prouver les limites. Mère, elle, se remit au travail, à un travail sans commune mesure avec tout ce qu'elle avait connu antérieurement. La Libération libéra des bourreaux et des oppresseurs. Elle dissipa en même temps les mirages qui cachaient les situations à affronter. Mère avait gardé la vie face à un désastre incommensurable : seule avec deux enfants, mari disparu, famille exterminée, modestes biens accaparés par des mains cupides. "Dans ma jeunesse, le mot fatigue on ne connaissait pas" disait-elle parfois. Comment a-t-elle pu supporter dans ces années d'après-guerre le niveau de fatigue qui devait l'écraser en permanence sur tous les plans ? A elle seule, dans ce contexte d'après Shoah, elle a repris les tâches de père et les siennes sans les moyens dont ils avaient disposés ensemble, sans la vigueur et l'entrain de leur jeunesse. Elle prenait des trains avant l'aube, rentrait à la nuit, allait d'un lieu à l'autre chargée comme un mulet et trouvait encore le moyen de s'occuper de nous. Et pour redonner corps à ce qu'elle avait contribué autant que père à fonder, elle dut se plier à une tutelle juridique car, à l'époque, même en ces circonstances, la législation continuait à traiter la femme de "mineure". Quelques photos d'identité de l'époque ont fixé une tristesse que ses yeux n'avaient jamais exprimée auparavant. Elle a tenu, sans se plaindre jamais.

Jusqu'à la fin de sa vie elle a répété: "Dieu a toujours été bon avec moi". Je cherche encore son angle exact de vision. D'autant qu'elle exprimait souvent cette foi en yiddish, langue dont la saveur et la chaleur confèrent une proximité à la présence divine que le français ne rend pas. Elle disait aussi, en allumant les bougies du Chabbat, dans la dernière partie de sa vie "Il faut tout Lui dire". Il est le seul auquel elle aura confié ses souffrances. Une fois seulement, je l'ai entendue, tête baissée, dire bas, pour elle-même "Toujours recommencer…".

Après la proclamation de l'Indépendance elle se rendit en Israël, pour la première fois. Elle y retourna souvent ensuite et dans la dernière partie de sa vie elle y passait plusieurs mois chaque année. Son stoïcisme et son héroïsme rejoignaient ceux des bâtisseurs d'Israël. A Jérusalem elle faisait souvent cette réflexion: "Si mes parents me voyaient!". Ils avaient répété, après toutes les générations qui les avaient précédés : "L'an prochain à Jérusalem! ".

A ses autres qualités mère ajoutait celle d'une excellente cuisinière. Par définition la cuisine de sa propre mère est la meilleure. Nulle part en tout cas je n'ai retrouvé aussi sensibles à mon palais pareille saveur, pareil équilibre entre moelleux et fermeté, sel/sucre, dans le bouillon et ses boulettes d'accompagnement, dans la carpe farcie ou non, dans les autres mets du Séder. Aussi est-ce dans la remémoration de la table de Pessah, de la lumière héritée que mes parents faisaient rayonner à leur tour que je vais m'autoriser quelques considérations sur sortie d'Egypte, sortie de Gurs, teintées par la révélation de la Shoah. Outre l'exemple de mère, certains sages et savants commentaires les ont orientées. Mais, craignant l'emploi maladroit, inapproprié des termes, je m'en tiendrai à mon usage des mots, au seul titre du poète voyageur qui a traversé les temps de la Shoah.

Le nazisme ne fut pas, ne prôna pas, selon ce qui s'énonce parfois, un retour à la loi de la jungle ni à la barbarie. En vue d'échapper à la situation qui l'avait suscité, il mit en œuvre des solutions consciemment choisies par ses promoteurs, incluant les moyens de terreur et de crime, solutions soutenues par la majorité, y compris électorale, impliquée. Il fit appel à certaines théories scientifiques, utilisa des technologies de pointe pour l'époque, appliqua dans ses opérations, en étroite liaison avec elle, la rigoureuse organisation de la grande industrie dans le même souci "moderne" d'efficacité. Sans le contexte préalable, le nazisme, phénomène spécifique du vingtième siècle issu de la vague industrielle et de la crise économique, n'aurait pas émergé.

Cependant, si toute situation collective s'enracine dans les conditions concrètes des sociétés humaines et en reçoit ses solutions, celles-ci s'inscrivent à divers niveaux. La solution nazie les couvrait tous, jusqu'à la dimension métaphysique. Dans l'amalgame de ses composés idéologiques, depuis le souvenir des anciens Germains, se distinguent des éléments venus d'Inde dont l'approche immédiate de la dimension cosmique aura peut-être contribué peu ou prou à la boursouflure du style nazi. Il s'agissait de fonder dans le monde physique, sociétal, jusqu'aux confins du monde, c'est-à-dire jusqu'au tréfonds des consciences, un empire ayant évacué des relations humaines celles échappant au rapport du maître et de l'esclave. Un hyper-empire d'Egypte.

Le nazisme ne pouvait, par là, que trouver Israël sur son chemin. La Shoah, selon mon regard, se situe à une échelle englobant ciel et terre, selon une antique image. Mais elle s'insérait dans le flux historique postérieur à la sortie d'Egypte, dilaté à la population du globe et aux technologies du vingtième siècle. De plus, elle se produisait dans un espace clos. Au plan religieux, le nazisme n'a rencontré, irréductible, sur son chemin, qu'Israël. Au plan laïc, que ceux, Juifs et non-Juifs, qui appartenaient aux mouvances se rattachant de près ou de loin à l'enseignement d'Israël. Au temps de la Shoah, selon une autre antique image, à travers les formes de résistance sur le terrain, les formes de résistance spirituelle et intellectuelle, dissimulés dans l'ombre les fils de la lumière combattaient les fils des ténèbres étalés au soleil. En creusant se distingue, derrière la haine raciale nazie qui les recouvre, la haine et la crainte mentales de ceux qui refusent la Loi. Au temps de la Shoah, six millions de Juifs, parmi lesquels mes proches, ont payé la force de la pensée juive, les sauts qu'elle seule a su réaliser. En sortant d'Egypte pour traverser, à sec, la Mer des Joncs, Israël quittait l'univers de la sujétion pour pénétrer dans celui de la dialectique liberté/loi qui seule fonde l'authentique souveraineté. Seul un être libre, collectif, individuel, peut connaître la Loi, sans connaissance de la Loi liberté n'égale que licence. Gurs, Rivesaltes et autres camps de France ont apporté la preuve que l'accession glorieuse d'une génération aux plus hautes valeurs "Liberté – Egalité – Fraternité" ne garantit pas leur respect par l'ensemble des générations suivantes. La fascination de nouveaux avatars de Pharaon, porteurs des mêmes menaces, ressurgit à certains moments graves dans le flux de l'Histoire. Temps perturbés, crises, mutations, où se réaménagent les empires, y sont propices. L'inquiétude, l'aspiration à la sécurité des foules, y compris justifiées, offrent des chances aux candidats. Ainsi, après le franchissement à sec de la Mer des Joncs, l'esprit public va-t-il en fin de compte permettre ou empêcher que s'établisse un nouvel empire d'Egypte dans le courant de l'Histoire. Comme plusieurs penseurs français l'ont souligné, La Boétie, Montesquieu, sans soutien suffisant de ses sujets, aucun dictateur ne peut longtemps se maintenir au pouvoir. La condition d'esclave, parallèlement à la servitude, comporte au moins le confort d'une sécurité minimale, le collier et la gamelle du chien. En sortant d'Egypte pour traverser la Mer des Joncs, pour pénétrer dans l'univers où liberté conduit à Loi, Israël accédait à la plénitude de la conscience, à la conscience du don de vie. Israël accédait en même temps au fardeau de la liberté, si difficile à assumer qu'il faut se souvenir du jour de sa sortie d'Egypte tous les jours de sa vie. Car la Mer Rouge se franchit désormais grâce au souvenir du passage à sec, mais entre la menace des vagues qui emportent, des ennemis qui poursuivent, des joncs qui enserrent.

Or un souvenir peut s'oublier. Sortie d'Egypte, sortie de Gurs, sortie d'Auschwitz, sur Israël repose le devoir de mémoire. Pas seulement à l'égard des disparus, dans le rapport à lui-même, mais aussi dans le rapport aux nations parmi lesquelles Israël vit. La pensée juive condamne la voie individuelle érémitique. Mère disait quand me prenait la tentation: "Chez nous, il n'y a pas de couvent". La pensée politique souligne qu'une nation assume sa souveraineté nécessairement dans l'interdépendance, parmi les autres. L'accession à la souveraineté nationale permet, à travers les échanges de toutes natures, que soit plus largement répandu l'enseignement d'Israël. A condition qu'Israël s'en souvienne, tous les jours de sa vie.

Mère en portera témoignage. Elle ne tenait pas de journal mais notait ce qui lui avait frappé l'esprit, à l'intention aussi, sans nul doute, de ses enfants, petits-enfants, arrières-petits-enfants dont elle a eu la joie, grâce à ma sœur, d'être entourée. Sur nombre de cahiers, feuilles volantes, bouts de papier sa haute et ferme écriture a fixé, parfois maladroitement, naïvement, citations, extraits, notes, réflexions, souvenirs. J'ai retrouvé des lignes écrites après son voyage au Japon. Elle y a connu les émotions les plus heureuses au Centre Beit Shalom de

Kyoto, un centre d'Amis d'Israël. A plusieurs reprises elle s'y entretint avec le chef de la communauté nourri d'une certitude absolue en la mission du peuple élu. Mère, au fond d'une grande humilité, écrit: "Je lui fis part de mon doute, peut-être ne sommes-nous pas aussi spéciaux qu'il le pense, peut-être cette mission n'est-elle pas en notre pouvoir, peut-être ne pouvons-nous pas construire une image de notre peuple comme si particulier. Il rétorqua que, sans exagération, nous pouvions accepter notre mission de peuple élu et cita, à notre propos, un proverbe japonais: "Le riz vide lève la tête, le riz plein la baisse". Elle avait la tête pleine de souvenirs, depuis le jour de sa sortie d'Egypte, de sa sortie de Gurs.

Biographies des artistes :

Jacob Barosin

Né en Russie, il émigra en Allemagne avec ses parents, étudia la peinture à l'Académie de Berlin et reçut le titre de Docteur en Histoire de l'Art de l'Université de Fribourg. Il partit en France quand les nazis vinrent au pouvoir en 1933. Quand les Allemands occupèrent la France, il vagabonda longtemps dans le Sud de la France. Il fut arrêté et emprisonné au camp de Gurs au printemps 1943. De là, il s'échappa au bout de quelques mois. Il se cacha dans différents endroits du Sud de la France grâce à l'aide de catholiques du pays. Mais il dut revenir à Paris, où il se cacha jusqu'à la Libération. En 1947, il émigra aux Etats-Unis où il habite depuis.

Harry Berkefeld

Né en 1898. Est arrivé à Gurs de Brans en mars 1941. Quitta Gurs grâce à la Légion étrangère, bataillon de travail de service national instauré par Vichy. Pour autant qu'on sache, il illustra le journal de Théodore Rosenthal sur la vie au camp de Gurs.

Osias Hofstatter

Est né en Pologne en 1905. Habita en Allemagne entre 1921 et 1938. Quand l'Autriche fut occupée, il s'enfuit au Luxembourg et de là fut envoyé au camp de Saint-Cyprien en mai 1940. En octobre de la même année, il fut transféré au camp de Gurs. Il commença à peindre pendant sa captivité au camp pendant les années 1940-1941 jusqu'à ce qu'il s'enfuit en Suisse en 1942. Après la guerre, en 1948, il revint en Pologne, à Varsovie, où il travailla comme professeur dans un orphelinat juif. En 1957, il immigra en Israël et ce n'est que dans les années soixante-dix qu'il commença une grande carrière artistique. De nombreux dessins du camp qu'il réussit à faire passer en Suisse se trouvent dans les collections de Beit Lohamé Haghettaot et au musée de Yad Vashem. Hofstatter mourut à Tel Aviv en 1994.

Karl Schwesig

Né en 1898 en Allemagne, termina ses études à l'Académie des Beaux-Arts de Düsseldorf après la Première Guerre mondiale, vers la fin des années vingt et se joignit au parti communiste d'Allemagne. Fut emprisonné pendant seize mois quand les nazis prirent le pouvoir, pour son activité au sein du parti. En 1935, s'enfuit en Belgique mais fut arrêté en 1940 et interné au camp de Saint-Cyprien et de là fut transféré à Gurs et ensuite à Noé. Des camps du sud de la France, il arriva à Paris, et de là fut expédié en Allemagne et emprisonné une seconde fois. Il fut libéré par les Alliés en 1945. Il mourut en 1955 à Düsseldorf.

Kolos Vari Sigismond

Né en Hongrie, il émigra à Paris avant la guerre. Quand les nazis prirent Paris, il fut interné avec sa femme au camp de Gurs. Par la suite, il put s'enfuir vers la Suisse. Nous ne savons rien de plus sur ce peintre.

Fritz Schleifer

Est né à Vienne en 1806. Il vint à Paris après ses études. Fut envoyé à Gurs quand la Deuxième Guerre mondiale éclata. Dans la liste du camp, il apparaît sous le nom de Frédéric Schleifer, profession: peintre.
Fut envoyé à Drancy en août 1942 et de là, au début du mois de septembre, au camp d'extermination d'Auschwitz.

Kurt Prinz

Nous ne possédons aucune donnée biographique sur ce peintre sauf qu'il peint au camp de Gurs.

Loew Kurt

Est né à Vienne en 1914, travailla comme concepteur de textile tout en étudiant à l'Académie des Beaux-arts de Vienne. En 1938, fut arrêté pour une courte période à cause de son activité politique. En 1939 il réussit à s'enfuir en Belgique et continua ses études académiques à Anvers. En 1940, il fut arrêté et envoyé au camp de Saint-Cyprien et de là, à Gurs. Pendant son séjour au camp, il mit à bien ses talents graphiques pour concevoir des scènes et produire des invitations pour différents événements. Tout cela, en collaboration avec son ami le peintre Karl Bodek. Grâce à l'intervention de la Croix Rouge Internationale de Genève, il fut transféré à Rivesaltes, libéré en 1942 et revint à Genève. Jusqu'à son retour à Vienne, sa ville natale, en 1952. Il réalisa de nombreuses expositions en Suisse. Il mourut en 1980.

Bodek Karl

Est né en Tchécoslovaquie en 1905. Fut arrêté et interné à Saint-Cyprien en octobre 1940. De là, il fut transféré à Gurs. Travailla avec l'artiste Kurt Loew et co-signa avec lui de nombreuses œuvres. Participa au dessin des décors pour le cabaret et dessina des timbres pour les internés, au moyen desquels il entendait protester contre les mauvaises conditions du camp de Gurs. En 1941, il fut transféré au camp des Milles et de là, toutes ses tentatives pour se faire libérer ayant échoué, il fut déporté vers les camps d'extermination.

Sources

En hébreu :

Méir Hovav, *Sur la rive du camp de Gurs, en France*, Hatsofé, 14 Nissan 1984.

Isaac Yudlov, *Trésor de la Haggadah – Bibliographie des Haggadot de Pessah depuis les débuts de l'imprimerie hébraïque jusqu'en 1948*, Bibliographie hébraïque, Editions Magnes, 1996.

Abraham Yaari, *Bibliographie de la Haggadah de Pessah depuis ses premières éditions imprimées jusqu'en 1960*, Editions Bamberger et Wehrman, 1961.

Noémie Morgenstern, *Cachés, les enfants à l'époque de la Shoah, en France*, Editions Ecole Internationale pour l'Etude de la Shoah, Yad Vashem, 1998.

Yitshak Eugène Netter, *Grand-père Netter*, 14 Tichri 1967, Degania A, 1986.

Témoignage – Dessins de la Shoah, Editions Yad Vashem, Musée d'Art, 1982.

Renée Poznanski, *Etre Juif en France 1939-1945*, Editions Yad Vashem, 2000.

Renée Poznanski, *Pour se souvenir – La vie des Juifs dans les camps du Sud de la France, 1940-1942*, Editions Ecole Internationale pour l'Edude de la Shoah, Yad Vashem, 1998.

Victor Frenkel, *L'homme cherche une signification*, Editions Dvir, 1973.

René Samuel Kapel, *Le combat Juif en France Occupée – Dans les camps d'internement et au sein de l'Organisation Juive de Combat 1940-1944*, Editions Yad Vashem.

Yitshak Kremer, *Avec chance et intelligence*, Editions Morechet, 2000.

Doli Steindeling, *Vienne – Histoire d'un réfugié et d'un combattant de la Résistance juive*, Jérusalem.

Archives de Yad Vashem, Témoignages oraux et écrits du rabbin Yehuda Ansbacher, de Pinhas Rothschild, de Rafi Palto, de Benjamin Somer et de Ehoud Lev.

Titres originaux :

Cantor, Adèle, *Tears and Joys of a War-Time Deportee,* London, WHA Webb. 1946.

Fittko, Lisa, *Escape through the Pyrenees,* Evanston Ill: Northwest University Press, 1991.

Laharie, Claude, *Le camp de Gurs 1939-1945:* un aspect inconnu de l'histoire du Béarn (Pau), Infocompo, 1958.

Mittag, Gabriele, ed, Gurs Deutsche *Emigratinnen im franzoesischen Exil,* Berlin, Argon, 1990.

Obst, Johannes, *Gurs Deportation und Schicksal der badisch-pfalzischen Juden 1940-1945,* Mannheim: Gesellschaft fur christlich-Judische Zusammenarbeit, 1968.

Schramm, Hanna, "Vivre à Gurs : un camp de concentration français 1940-1941", Paris, F. Maspero 1979.

Wiehn, Erhard Roy ed. *Oktoberdeportation 1940 – Die sogenaate 'Abschiebung' der badischen und saarpfalzischen Juden in das franzœsische Internierungslager Gurs und andere Vorstationen von Auschwitz Konstanz,* Hartung-Gorre, 1940

Yerushalmi Yosef Hayim, *"Haggadah and History", A Panorama in Facsimile of Five Centuries of the Printed Haggadah, from the Collection of Harvard University and the Jewish Theological Seminary of America,* 1975

Illustrations

Leo Breuer
Camp de Gurs, 1941
Peinture à l'eau sur papier, 20x30 cm
Collection du musée d'Art de Yad Vashem

Fritz Schleifer
(Mazkir), Camp de Gurs, 1941
Peinture à l'eau sur papier, 24x27 cm
Collection du musée d'Art de Yad Vashem
Don du Docteur Pinhas Rothschild

Fritz Schleifer
Camp de Gurs, Rosh Hashana 1942
Aquarelle sur papier, encre sur papier
Avec l'amabilité du Centre de Documentation
Juive Contemporaine, Paris

Jacob Barosin
"Le lendemain de la déportation. Les femmes accourent de leurs baraques pour voir leurs maris. Certaines les trouvent, d'autres pas..." Crayon sur papier, 25x17 cm
Collection du musée d'Art de Yad Vashem
Don de l'artiste

Jacob Barosin
Leibovitz, chef d'orchestre aux Folies Bergères de Paris, Gurs
Crayon sur papier, 18x25 cm
Collection du musée d'Art de Yad Vashem
Don de l'artiste

Jacob Barosin
Mon lit, Gurs
Crayon sur papier, 18x25 cm
Collection du musée d'Art de Yad Vashem
Don de l'artiste

Jacob Barosin
Gurs, Devant la baraque, assis à ne rien faire
Jour après jour et faisant cuire une soupe quelconque,
Meilleur remède contre la faim. On jouit d'une journée supplémentaire avant la déportation vers l'inconnu.
Crayon sur papier, 17x25 cm
Collection du musée d'Art de Yad Vashem
Don de l'artiste

Harry Berkefeld
Camp de Gurs, mars 1940
Aquarelle sur papier, 10x12 cm
Collection du musée d'Art de Yad Vashem
Don du Docteur Pinhas Rothschild

Kurt Prinz
Infirmerie des hommes dans l'îlot B
Le Docteur Julius Strauss, 1941
Crayon sur papier, 23x30 cm
Collection du musée d'Art de Yad Vashem

Sigismond Kolos-Vari
Déportés
Encre sur papier 27x21 cm
Collection du musée d'Art de Yad Vashem
Don du Docteur Pinhas Rothschild

Sigismond Kolos-Vari
Trois petites filles, camp de Gurs
Encre sur papier
Archives de Yad Vashem

Osias Hofstatter
Prisonniers du camp, 1944
Plume et encre sur papier, 24x30.5 cm
Collection du musée d'Art de Yad Vashem
Don du Docteur Pinhas Rothschild

Osias Hofstatter
Nature morte, 1944
Plume et encre sur papier, 24x30.5 cm
Collection du musée d'Art de Yad Vashem
Don de l'artiste

Osias Hofstatter
Camp de Gurs, 1941, 1953
Huile sur toile 88x61 cm
Collection du musée d'Art de Yad Vashem

Osias Hofstatter
Déportation de Bruxelles 1940, 1953
Gouache, encre sur papier 21.5x27 cm
Collection du musée d'Art de Yad Vashem
Don du Docteur Pinhas Rothschild

Stroheimer
Au camp de Gurs, 1940
Crayon sur papier
Collection des Archives de Yad Vashem

Dani Caravan
Monument à la mémoire
des internés du camp de Gurs
Lieu du camp de Gurs, 1994

Table des Matières